No te comas el marshmallow... ¡todavía!

No te comas el marshmallow... ¡todavía!

El secreto para conquistar las recompensas más dulces del trabajo y de la vida

Joachim de Posada
y Ellen Singer

BERKLEY BOOKS, NEW YORK

THE BERKLEY PUBLISHING GROUP
Publicado por el Penguin Group
Penguin Group (USA) Inc.
375 Hudson Street, New York, New York 10014, USA
Penguin Group (Canada), 90 Eglinton Avenue East, Suite 700, Toronto, Ontario M4P 2Y3, Canada
(una división de Pearson Penguin Canada Inc.)
Penguin Books Ltd., 80 Strand, London WC2R 0RL, England
Penguin Group Ireland, 25 St. Stephen's Green, Dublin 2, Ireland (una división de Penguin Books Ltd.)
Penguin Group (Australia), 250 Camberwell Road, Camberwell, Victoria 3124, Australia
(una división de Pearson Australia Group Pty. Ltd.)
Penguin Books India Pvt. Ltd., 11 Community Centre, Panchsheel Park, New Delhi—110 017, India
Penguin Group (NZ), Cnr. Airborne and Rosedale Roads, Albany, Auckland 1310, New Zealand
(una división de Pearson New Zealand Ltd.)
Penguin Books (South Africa) (Pty.) Ltd., 24 Sturdee Avenue, Rosebank, Johannesburg 2196,
South Africa

Penguin Books Ltd., Oficinas Registradas: 80 Strand, London WC2R 0RL, England

La editorial no tiene ningún control de, ni asume ninguna responsabilidad por, los sitios web del autor
ni de terceras partes, ni de su contenido.

HISTORIA DE IMPRESION
Berkley Ingles encuadernada edición / Septiembre 2005
Berkley Español encuadernada edición / Dicembre 2005

Library of Congress Cataloging-in-Publication Data

Posada, Joachim de.
    [Don't eat the marshmallow— yet! Spanish]
    No te comas el marshmallow— todavia! : el secreto para conquistar las recompensas más dulces del
trabajo y de la vida / Joachim de Posada y Ellen Singer.—Berkley español encuadernada ed.
        p. cm.
    ISBN 0-425-21036-7
    1. Finance, Personal—Psychological aspects. 2. Wealth—Psychological aspects. I. Singer, Ellen,
1957–   II. Title.

HG179.P57518 2005
650.1'01'9—dc22   2005052180

IMPRESO EN ESTADOS UNIDOS DE AMERICA

10 9 8 7 6 5

Joachim:

Para mi hija, Caroline, quien ha implementado el principio del marshmallow con pasión, perseverancia y valor desde el día en que se lo enseñé. Ella es la hija mejor del mundo, y me siento muy orgulloso de ser su padre.

Ellen:

A las mujeres más extraordinarias que conozco, cuya combinación de sabiduría y espíritu me inspira en todos los grandes proyectos . . . mis hijas.

Agradecimientos

Joachim:

Este libro fue inspirado por la obra de Daniel Goleman *Emotional Intelligence (Inteligencia emotiva)*, la cual puso en duda el concepto de que las pruebas estándar de inteligencia constituían una indicación del éxito. La teoría de Goleman me ofreció una nueva perspectiva y apreciación del "estudio del marshmallow" de Walter Mischel, llevado a cabo en la década de 1960 en la Universidad de Stanford. Estas dos obras mejoraron mi vida notablemente, de la misma manera que, espero, cambiará la tuya. Gracias a estos dos pensadores de ideas innovadoras y a las siguientes personas, también importantes:

Ellen Singer, a quien este proyecto le gustó tanto que se lo presentó a sus (y ahora nuestras) agentes literarias, Jane Dystel y Miriam Goderich.

Nuestra editorial, The Berkley Publishing Group, una división de Penguin Group (USA), Inc., por su fe en este proyecto. Denise Silvestro es una editora excelente, y su asistente, Katie Day, es extraordinariamente servicial. Ha sido un placer trabajar con ambas.

La Universidad de Puerto Rico, por aceptarme como estudiante a pesar de que tantos amigos míos no fueron admitidos.

La Universidad de Miami, donde he impartido clases desde 1985. Gracias especialmente por todas las oportunidades que todos me han brindado en esa maravillosa institución de enseñanza, y por su permanente fe en mí.

El fallecido Dr. Ronald Bauer, un educador y visionario excepcional, quien me instó, en nuestro último almuerzo antes de su muerte, a escribir este libro.

Michael LeBoeuf, autor de tantos excepcionales libros de negocio, por su amistad y por todo lo que me ha enseñado.

El fallecido Sam Walton, quien estableció un pequeño negocio y en unos pocos años lo convirtió en una corporación gigantesca, Wal-Mart, el empleador más grande del mundo en estos momentos. Él es un verdadero ejemplo de lo sabia que es la resistencia al marshmallow.

Mis clientes de todo el mundo, por permitirme enseñar el principio del marshmallow y estimularme a convertir mis enseñanzas en un libro.

También quisiera añadir un agradecimiento final a todo el que me ha inspirado y ha compartido ideas que he absorbido e intentando enseñar a otros. Le pido perdón a quienquiera que no haya mencionado por su nombre. Me encantaría darles crédito en mi sitio web, *www.askjoachim.com*, y los invito a que me envíen un correo electrónico a esta dirección.

Ellen:

Agradezco inmensamente a mi coautor, Joachim, no sólo por hacerme partícipe de un fantástico proyecto editorial, sino también por hacerme conocer el estilo de vida resistente al marshmallow; a mi agente literaria, Jane Dystel, por la fe que ha tenido en mí desde hace mucho tiempo, por su continuo apoyo y su permanente confianza en mí; a mi abogado especializado en asuntos de entretenimiento, Scott Schwimer, cuyo intelecto y talento son casi tan grandes como su ingenio y compasión; y a mi editora, Denise Silvestro, por hacer útiles— y nada complicadas—mejoras al manuscrito.

Contenido

Análisis pre-parábola

nacido en un medio ambiente de gran riqueza, pero lanzado a la pobreza en mi adolescencia, al crecer aprendí más de los riesgos de perder el éxito que de los secretos de lograrlo. Aunque mis padres se recuperaron luego de haber sido despojados a mitad de sus vidas de todo lo que tenían, jamás volvieron a tener una actitud mental de prosperidad, y yo absorbí todos sus temores más plenamente que sus triunfos. Esos temores alimentaron mi deseo de tener éxito financiero y fueron, en parte, lo que me guió a ganarme la vida enseñando a la gente cómo tener éxito. Llegué a ser un orador sobre temas de motivación personal que inspiró a miles de ejecutivos de negocio y atletas profesionales a alcanzar sus metas mediante el uso de valiosos principios de éxito. Pero de lo que yo no me di cuenta en ese momento era que estaba dejando a un lado una parte muy importante de la fórmula.

Después, leí acerca de los marshmallows, y eso cambió mi vida, igual que cambiará la tuya . . . para siempre.

Luego de que mi familia lo perdió todo, las cosas no fueron iguales. Mis padres nunca fueron los mismos, ni yo fui el mismo. Creo que Papá siempre temía perder todo de nuevo, y por eso se protegía en exceso. Después que recuperó su fortuna, seguía conduciendo un Chevy viejo. No se compró un Cadillac hasta que cumplió ochenta y un años (y murió en ese mismo Cadillac dos años después). Inconscientemente, yo sentía el mismo temor, pero reaccionaba de la manera contraria, gastando todo lo que ganaba. Vivía una vida de lujos: gastaba dinero en viajes, mujeres, regalos, autos de último modelo y joyas caras, sin ahorrar un centavo jamás y gastando más de lo que ganaba. Me comí todos mis marshmallows tan pronto como les eché mano.

A estas alturas, puede que te estés preguntando, ¿por qué mi padre no me detuvo? ¿Por qué no intentó inculcar en mí los mismos valores financieros que él había aprendido? Mi padre nunca me enseñó el secreto de ser una persona de éxito porque él mismo no lo entendía. No fue una fórmula aprendida lo que le permitió poner en práctica ese secreto, sino su temor a perderlo todo otra vez. Cuando se es muy rico y, de pronto, uno se despierta sin un centavo, se aprenden lecciones muy importantes de la vida, pero no siempre hay tiempo para pensar en ellas, y mucho menos para enseñárselas a los demás. Así que el secreto de alcanzar la riqueza siguió siendo un misterio para mí . . . un misterio que más tarde decidí resolver. Yo quería entender y poder explicar con sólidos argumentos:

- Por qué algunas personas "lo logran" y otras no.

- Por qué algunas personas tienen éxito, mientras que otras fracasan.

- Por qué el 90 por ciento de la gente que llega a los sesenta y cinco años no poseen una riqueza que los haga independientes, sino que tienen que seguir trabajando, depender del Seguro Social o rogar por que un hijo o una hija que se gradúa de médico o abogado tenga el dinero para ayudarlos durante los últimos años de sus vidas.

He sido orador sobre temas de motivación personal durante más de treinta años. He ofrecido conferencias en más de treinta países para algunas de las mejores corporaciones del mundo, y he desarrollado una amplia lista de clientes. También he estado involucrado en los deportes, motivando a atletas de la Asociación Nacional de Baloncesto y de las Olimpiadas. He descubierto que la misma pregunta se aplica aquí: ¿por qué es que algunos atletas tienen éxito y otros no? Es obvio que no se trata sólo de talento o habilidad. El mundo está lleno de atletas talentosos que nunca llegan a tener éxito, y lleno de atletas menos talentosos que han tenido un éxito enorme.

Mi deseo de encontrar el verdadero secreto del éxito me condujo a investigar más. En ese proceso, encontré un estudio sicológico realizado por un sicólogo norteamericano muy destacado, el Dr. Walter Mischel.

No voy a entrar aquí en detalles acerca del estudio, ya que en el transcurso del libro vas a leer sobre él, pero permíteme decirte algo: yo encontré el *secreto*, el de por qué algunas personas tienen éxito y otras fracasan. Pensé que la lección era tan importante que decidí escribir un libro sobre eso, con la ayuda de mi brillante coautora Ellen Singer.

Ahora, escucha esto: este principio debe enseñársele a todo el mundo. Lo que estoy a punto de decirte es la diferencia entre ser rico y ser pobre. Es un secreto que debe enseñárseles a todos los niños del mundo. Yo se lo enseñé a mi hija. Quiero enseñártelo a ti, de manera que tú lo transmitas a tus hijos.

Este libro es para empresarios, empleados de compañías y personas que trabajan por cuenta propia. Es para atletas y para personas que, por lo general, desean avanzar en la vida. Es para maestros, quienes tienen una responsabilidad tan inmensa en cuanto a la educación de nuestros jóvenes. Y sí, es para los adolescentes que están dispuestos a cambiar su comportamiento para poder tener éxito en la vida.

Pero antes de que continúes hacia la parábola del marshmallow, he aquí una pregunta:

Había tres ranas que iban flotando río abajo encima de una hoja. Una de ellas decide saltar al río. ¿Cuántas ranas quedan encima de la hoja?

La mayoría de la gente responderá que quedan dos.

Incorrecto.

Quedan tres ranas encima de la hoja.

¿Por qué?

Pues porque decidir saltar y saltar son dos cosas diferentes.

¿Cuántas veces te has decidido a bajar de peso y descubres que, al cabo de los tres meses, los números de la pesa no han cambiado todavía? ¿Cuántas veces te has decidido a dejar de fumar y la próxima noche que saliste te fumaste un cigarrillo? ¿Cuántas veces te has decidido a limpiar el ático de tu casa durante el fin de semana, y el lunes te das cuenta de que luce aún peor?

Si tú haces cosas así, espero que te decidas de verdad a leer este libro y a aplicar lo que aprendas aquí, y que des un salto (¡un salto enorme!) hacia el éxito.

Sir Francis Bacon dijo: "El conocimiento es poder". Tenía razón, pero olvidó una palabra para hacer la frase perfecta: "El conocimiento *aplicado* es poder". Si sabes y no haces las cosas, no sabes nada. Es así de sencillo.

Lee el libro y aplica todo lo que aprendas. Tu vida nunca volverá a ser igual. Te lo prometo.

Yo aprendí el secreto. Dejé de comerme todos mis marshmallows. Cuando hayas terminado este libro, tú también lo harás.

—Dr. Joachim de Posada
orador internacional y autor de *Sobrevivir entre pirañas*,
un libro que examina las leyes del éxito
(reglas que tú puedes aplicar para obtener grandes beneficios,
luego que aprendas a resistir los marshmallows)

Parábola

1

Comer marshmallows es autodestructivo

Juan Paciente, quien por lo general es tan sereno y seguro de sí mismo como los trajes de la marca Brooks Brothers que usa, se sentía ligeramente irritado al salir de una tensa reunión de negocios. Cuando llegó a su limusina, halló que su chofer estaba engulléndose el último trozo cubierto de salsa de tomate de una hamburguesa.

—¡Arturo, otra vez estás comiéndote el marshmallow! —le advirtió.

—¿Marshmallow? —Arturo se quedó tan aturdido con el tono duro de su patrón como con las palabras del poderoso editor, pues todos conocían a Juan Paciente como un hombre de muy pocas palabras—. Era un Big Mac, se lo juro. Ni me acuerdo de la última vez que me comí un marshmallow. Este año mi cesta de Pascua ni siquiera tenía un

Peeps, y no me he comido un emparedado de esos que lle-
van mantequilla de maní y marshmallow desde . . .

—Tranquilo, Arturo. Sé que no estabas comiendo un
verdadero marshmallow. Es que me pasé la mañana rodeado
de comedores de marshmallows y me sentí frustrado al ver
que estabas haciendo lo mismo.

—Tengo la sensación de que me va a contar algo, Sr.
Paciente. ¿Le gustaría que yo condujera mientras usted
habla?

—Por favor, Arturo. Esperanza está cocinando su
famosa paella, tu favorita, si mal no recuerdo, y le pedí que
comenzara a servir dentro de veinte minutos, a la una en
punto . . . lo que tiene que ver con el tema central de mi
cuento, como verás.

—Pero, ¿qué tiene que ver un marshmallow con eso, Sr.
Paciente?

—Paciencia, Arturo. Ya pronto lo verás.

Arturo dirigió con destreza el Lincoln Continental
hacia el tráfico del centro de la ciudad y metió su cruci-
grama del *New York Times*, ya casi terminado, detrás del es-
pejo del asiento del pasajero, mientras Juan Paciente se
acomodaba en el suave asiento de piel, y comenzaba:

• • •

—Cuando yo tenía cuatro años, participé en lo que con el
tiempo se convirtió en un famoso experimento. Dio la casua-
lidad de que yo tenía la edad apropiada en el momento

apropiado. Mi padre estaba estudiando en la Universidad de Stanford para obtener su maestría, y uno de sus profesores estaba buscando participantes de edad pre-escolar que lo ayudaran a reunir información para un experimento acerca de los efectos que tendría en los niños la demora de una recompensa. Básicamente, niños como yo fuimos colocados en un cuarto, uno a uno. Vino un psicólogo y puso un marshmallow frente a mí. Entonces me dijo que se iba a ausentar durante quince minutos. Me dijo que si yo no me comía el marshmallow mientras el estuviera afuera, me recompensaría con otro marshmallow cuando regresara. Y si me lo comía, no tendría más ninguno.

—Un negocio del dos por uno. ¡Un rendimiento del ciento por ciento en la inversión! Hasta para un niño de cuatro años eso sería bastante atractivo —murmuró Arturo.

—Por supuesto. Pero a los cuatro años de edad, quince minutos es demasiado tiempo. Y sin nadie alrededor que dijera *no*, el marshmallow se convirtió en algo demasiado tentador para poder resistirlo —dijo Juan.

—Entonces, ¿se comió el marshmallow?

—No, pero estuve a punto de comérmelo en casi doce ocasiones. Hasta llegué a lamerlo una vez. Me estaba volviendo loco no comerme ese marshmallow. Intenté cantar, bailar, cualquier cosa que se me ocurriera para distraerme; y al cabo de lo que me parecieron horas, el psicóloga regresó por fin.

—¿Y le dio . . . otro marshmallow?

—Claro que sí. Ésos fueron los dos marshmallows más sabrosos que me he comido en mi vida.

—Pero, ¿cuál era el objetivo del experimento? ¿Se lo dijeron?

—No en ese momento. No me enteré hasta años después. Los mismos investigadores le hicieron seguimiento a la mayor cantidad de los "niños del marshmallow" que pudieron encontrar (creo que en el primer estudio participamos unos seiscientos niños) y les pidieron a nuestros padres que nos evaluaran en una serie de habilidades y características personales.

—¿Y qué dijeron de usted sus padres?

—Nada. Nunca recibieron el cuestionario. En esa época ya yo tenía diecisiete años y nos habíamos mudado unas cuantas veces. Pero los investigadores hallaron a casi cien de las familias del marshmallow, y los resultados fueron extraordinarios.

»Resultó que los niños que no se comieron el marshmallow (incluso aquellos que se resistieron a hacerlo durante la mayor parte del tiempo) tenían un mejor desempeño escolar, se llevaban mejor con los demás y manejaban el estrés mejor que los niños que se comieron el primer marshmallow poco después de que el adulto salió de la habitación. Los que se resistieron al marshmallow llegaron a ser muchísimo más exitosos que los que se comieron el marshmallow.

—Caramba, eso realmente lo describe a usted —dijo Arturo—, pero no lo entiendo. ¿Cómo es posible que el no haberse comido un marshmallow a los cuatro años lo haya convertido en un multimillonario editor de la Web a los cuarenta años?

—Por supuesto que no fue así directamente. Pero la habilidad de demorar el premio por tu propia voluntad es algo que predice con mucha precisión el logro futuro.

—¿Y por qué?

—Volvamos al comentario que hice cuando te vi comiéndote ese Big Mac. ¿No fuiste tú quien me dijo esta mañana que Esperanza prometió guardarte un buen plato de paella para tu almuerzo de hoy?

—En realidad, me prometió la *mejor* porción, la que tiene más langosta . . . pero se supone que yo no se lo contara a usted.

—¿Y qué estabas haciendo treinta minutos antes de que ella te hubiera servido la mejor paella de la ciudad?

—Comiéndome un Big Mac . . . ¡comiéndome el marshmallow! Me doy cuenta. Estaba ansioso por comer, y me estropeé el apetito con algo que podría comer en cualquier momento.

—Eso es. Preferiste la recompensa inmediata antes que esperar por algo que realmente deseabas.

—Caramba, Sr. P, usted tiene razón. Pero sigo sin entenderlo del todo. ¿Es que comer o no comer marshmallows realmente tiene algo que ver con el hecho de que usted esté sentado en la parte trasera del auto, descansando, mientras que yo estoy aquí delante, conduciendo?

—Sí, Arturo, eso representa una diferencia inmensa. Pero mañana te explicaré más cuando me lleves de vuelta a la ciudad a las nueve. Ya llegamos a casa y ahora voy a disfrutar de un almuerzo delicioso. ¿Qué planes tienes, Arturo?

—Evitar a Esperanza hasta que me dé hambre otra vez.

. . .

Arturo dejó a Juan Paciente en su casa, y abrió la puerta del auto y la de la residencia al hombre que le había proporcionado un salario y, cuando él le hacía caso, valiosas lecciones durante cinco años. Aún no sabía por qué, pero sospechaba que la lección del marshmallow iba a ser la más importante de todas. Sin meditar más en eso, Arturo salió de la propiedad, condujo hasta un mercado de víveres cercano y se compró una bolsa de marshmallows.

2

La gente que triunfa cumple sus promesas

—Buenos días, Sr. P. Espero que vaya a cumplir su promesa de explicarme la historia del marshmallow. No puedo dejar de pensar en eso.

—Te explicaré todo lo que pueda mientras llegamos a la ciudad, y tanto como quieras saber en cada viaje de aquí en adelante. La gente que triunfa cumple sus promesas. —Juan se sentó cómodamente en el asiento trasero mientras Arturo mantenía la puerta abierta.

—¿De veras, Sr. P? Tal parece que en el mundo de los negocios sólo se oye hablar de gente mentirosa que reniega de sus promesas.

—Eso es cierto, Arturo. Y algunas personas ganan muchísimo dinero sin cumplir sus compromisos. Pero tarde o temprano, la pagan. Por lo general, las personas logran los resultados que deseas si confían en ti. Pero ésa es otra historia. Y, Arturo . . .

—¿Sí, Sr. P? —preguntó Arturo aún de pie y con la puerta trasera abierta.

—Vamos a llegar más rápido al cuento del marshmallow si entras al auto.

—¡Oh, sí! Claro, Sr. P. —Arturo se puso la gorra, dio la vuelta rápidamente al vehículo y encendió el motor.

—Bueno, Arturo, recuerdo que querías saber cómo aplicar la teoría del marshmallow. Querías saber por qué quienes se resisten a comerse el marshmallow tienen más éxito que los que se lo comen.

—Sí, quiero saber si ése es el secreto de su éxito y de mi . . . limitada realización.

—*Limitada realización*. Ésa es una buena frase. Entiendo por qué haces tan bien esos crucigramas que llenas en tus ratos de descanso.

—Gracias, Sr. P. Siempre he sido hábil con las palabras. Aunque no tengo muchas oportunidades para usarlas.

—Tú puedes cambiar eso, Arturo, y voy a enseñarte cómo hacerlo. Pero primero, regresemos a los días en que empezaste a comer marshmallows. Vamos a comenzar en la escuela superior. ¿Qué tipo de auto conducías?

—¡Óigame, Sr. P, yo tenía el auto más popular de todos! Era un Corvette convertible rojo-cereza, una garantía para atraer a las chicas. Hasta logré darle un paseo en él a la reina de la clase graduanda.

—¿Y fue por eso que lo compraste?

—¿Para atraer a las chicas lindas? ¡Por supuesto! Y funcionó. Mi librito negro de teléfonos estaba *repleto*, desde Angélica hasta Zoe.

—Lo creo. ¿Cómo pagaste por el auto, Arturo? ¿Fue un regalo?

—No, usé como entrada el dinero que me regalaron cuando cumplí dieciséis años. Luego tuve que buscar un empleo para poder costear los pagos mensuales y el seguro, y otro para poder tener dinero suficiente para gastar con todas las chicas que querían salir conmigo. Pero si el auto necesitaba una reparación, me metía en problemas, y tenía que pedirles a mis jefes que me dejaran trabajar horas adicionales para poder repararlo antes del fin de semana. La mayoría del tiempo no tenía un centavo encima.

—Este Corvette tuyo fue un marshmallow bastante grande, ¿verdad?

—¿Eh? ¿Qué? Oh . . . fue esa cosa de recompensa instantánea, ¿no es cierto? Yo tenía que tener inmediatamente el mejor auto y las chicas más bonitas. Y todos desaparecieron hace ya mucho tiempo. Hoy día, ni siquiera tengo un auto (conduzco el suyo), ni las mujeres con clase están interesadas en un tipo que usa una gorra de chofer. Es deprimente, Sr. P. Pero, ¿no desea un auto de moda y chicas lindas todo estudiante en la escuela superior? ¿Usted no?

—Claro que yo también lo deseaba, Arturo. En la escuela a menudo envidiaba a los tipos como tú. ¿Sabes qué tipo de auto yo tenía en la escuela? Un Morris-Oxford con diez años de uso. Fue el transporte más barato que pude encontrar; de hecho, me costó trescientos cincuenta dólares. Pero me llevaba y me traía al trabajo y a la escuela, y hasta de vez en cuando transportaba a la chica que quería acompañarme en una cita. Ni el auto ni yo teníamos garantía alguna para atraer a las chicas, como dices tú, pero preferí ahorrar mi dinero para la universidad, pues creía que la educación era la clave para obtener *todas* las cosas agradables de la vida que yo deseaba. No me comí los marshmallows, y mira lo que obtuve.

—Un requetemillón de marshmallows, Sr. P. Incluso algunos marshmallows del tipo femenino que lucían sabrosísimos, suavecitos y rellenitos en las partes apropiadas . . . cuando usted era soltero.

—Sí, Arturo, tienes razón —dijo Juan con una sonrisa burlona—, aunque ése no era precisamente el ejemplo en que estaba pensando. Escucha esto. Si hoy te ofreciera un millón de dólares o la suma de un dólar duplicado todos los días durante treinta días, ¿cuál escogerías?

—Sr. P, yo no soy tonto. Escogería el millón de pesos. ¡No me diga que usted preferiría el estúpido peso duplicado todos los días durante un mes!

—Otra vez, Arturo, te comiste el marshmallow. Prefieres lo que es obvio en vez de pensar a largo plazo.

»Debiste haber escogido el dólar. Si hubieras hecho eso, tendrías más de quinientos millones de dólares, pero te conformaste con un solo millón.

—No puedo creerlo, Sr. P, pero como sé que usted nunca me dice mentiras, entonces debe ser verdad.

—Sí, Arturo, ése es el asombroso poder de resistirse al marshmallow. Quinientos millones de dólares en un mes es muchísimo mejor que un millón de dólares en un solo día.

—De acuerdo, Sr. P., creo que usted está empezando a convencerme, ¿pero qué hago con la teoría? ¿Cómo puedo aplicarla a mi vida, y cómo la aplica usted a la suya?

—Casi hemos llegado a la oficina, Arturo, así que no puedo contestarte ambas preguntas por completo. Pero déjame darte un rápido ejemplo. ¿Recuerdas, ayer, cuando me quejé de que toda la gente de la reunión eran comedores de marshmallows, y comenzamos esta conversación?

—Por supuesto. Creo que es la primera vez que lo he visto a usted con la corbata desarreglada.

—Estábamos negociando un acuerdo para vender nuestros cursos de entrenamiento de ventas por Internet a una importante corporación de América Latina. Ellos querían comprarnos un curso que, debido al tamaño de la compañía, hubiera representado un negocio de un millón de dólares. Yo estaba empujando, como siempre lo hago, para vender un paquete más complejo de servicios, cursos y seminarios que habrían establecido una relación a largo plazo con esa compañía: para empezar, diez millones de dólares, y una conexión importante en el mercado latinoamericano.

—¿Y qué pasó?

—El presidente de la compañía estaba fuera de la ciudad, y recibimos una llamada del vicepresidente, quien quería reunirse con nosotros. Nuestro vicepresidente de ventas se decidió a vender cuando el vicepresidente *de ellos* le dijo exactamente lo que quería, que era el paquete de un millón de dólares. Lo que debió haber hecho nuestro hombre era alejarse de la solución fácil y empezar a sondear al otro para averiguar qué otras necesidades ellos tenían. Se decidió por el marshmallow, Arturo, en lugar de desarrollar una situación comercial lo suficientemente sólida para que nosotros pudiéramos obtener el acuerdo de los diez millones de dólares. Arturo, esto sucede constantemente en muchas compañías de todo el mundo.

—Entonces lo que logró fue el negocio por un millón de dólares. No es lo que usted quería, pero tampoco está mal, ¿verdad?

—Nada se ha firmado todavía. Y la cosa se pone peor. Ayer el presidente de la compañía me llamó para preguntarme por qué me arrepentí de establecer la relación a largo plazo. Pensó que yo no había cumplido mi palabra. Se sentía insultado al pensar que nosotros habíamos perdido la confianza en él, y se negaba a firmar cualquier acuerdo con una compañía que sólo pensara en ganancias inmediatas y que no hallara una solución que satisficiera por completo sus necesidades.

—¡No quería hacer negocios con los comedores de marshmallows!

—Así es. ¡Podríamos haber perdido el negocio de los

diez millones de dólares, y el del millón también, por haber-
nos comido el marshmallow!

—¿Puede usted arreglar el problema?

—Eso es lo que estoy a punto de averiguar, Arturo. Pero
en cualquier caso, va a ser un largo día, tal vez una larga
noche. Puedes regresar a la casa, y te llamaré si es que nece-
sito que me recojas hoy.

—Ojalá que le salga bien, Sr. P. ¡Voy a desearle suerte!

—Gracias, Arturo.

Arturo condujo de vuelta a la propiedad de los Paciente,
estacionó dentro del garaje para seis vehículos y caminó
hasta la casa-cochera donde vivía, sin pagar alquiler, como
parte de su salario. Su vida era bastante cómoda. Un empleo
sin estrés y sin muchos gastos. Pero al cabo de cinco años,
¿qué había logrado? No tenía nada en el banco, y en el bol-
sillo sólo unos sesenta dólares. Y sus planes no se extendían
más allá de la próxima semana.

Arturo suspiró, entró en su vivienda, modestamente
amueblada, y tomó la bolsa de marshmallows que había
comprado el día anterior. Rasgó y abrió la bolsa de plástico
y comenzó a llevarse uno a la boca, pero se detuvo y lo
colocó sobre la mesita de noche.

Si sigue allí por la mañana, se dijo, tendré dos.

3

Cómo practicar la resistencia al marshmallow

La importancia de la confianza y el poder de la influencia

Cuando Arturo se despertó la mañana siguiente, sacó otro marshmallow de la bolsa y pensó en comerse ambos, pero luego decidió esperar. Podía comerse ambos cuando llegara a casa por la noche, o comerse cuatro la mañana siguiente. En este momento tenía más hambre de nueva información por parte de Juan Paciente, y contaba con al menos una hora de viaje para recopilarla. Su patrón había pasado la noche en la ciudad y estaba esperando que Arturo lo llevara a una cita en el otro extremo de ella.

—Se ve usted muy bien hoy, Sr. P. ¿Mató anoche a algunos comedores de marshmallows?

—No, pero puede que haya convertido a unos cuantos. El presidente de la compañía latinoamericana y yo tuvimos una larga conversación (incluso le conté mi historia del marshmallow), ¡y me dijo que accedía al negocio de los diez millones de dólares si yo le prometía incluirla en una serie de cursos!

—¡Fantástico, Sr. P! Lo felicito. Tomó el negocio del millón de dólares, lo convirtió en un negocio de diez millones, luego lo vio volver a convertirse en un negocio de un millón de dólares, después a uno de cero dólares, y luego nuevamente a un negocio de diez millones de dólares. ¡Eso sí es saber multiplicar sus marshmallows!

—Gracias, Arturo. Me siento muy satisfecho. Y si quisieras oírla, hoy tengo otra historia para ti.

—Absolutamente, Sr. P. ¿Tiene algo que ver con la teoría del marshmallow?

—Te diré la historia, Arturo, y tú decidirás. Tú puedes hacer el análisis post-anecdótico.

—Análisis post-anecdótico . . . el APA. Me gusta. Continúe, Sr. P.

—Hace varios años tuve el placer de conocer a Arun Gandhi, el nieto del gran Mahatma Gandhi.

—Ése sí que no se comió el marshmallow. A menudo no comía *nada* con tal de conseguir lo que quería.

—Tienes razón, Arturo. Y Mahatma Gandhi era muy modesto respecto a sus logros. ¿Sabes qué fue lo que dijo en una ocasión acerca del secreto del éxito?

—No, pero usted va a decírmelo, ¿no es verdad, Sr. P?

—Si mal no recuerdo, fue algo así: "*Yo no soy más que un hombre promedio con habilidades por debajo del promedio. No tengo la más mínima duda de que cualquier hombre o mujer puede lograr lo que yo he logrado si él o ella pone la misma cantidad de esfuerzo y cultiva la misma fe y esperanza*".

—Esfuerzo y fe. ¿Usted lo cree, Sr. P?

—Sí, lo creo. Ambos son caminos más largos hacia el éxito, pero los dos están llenos de una promesa y una recompensa aún mayores.

—¡Marshmallows a granel! Entonces, ¿qué pasó cuando conoció al nieto?

—Él sentía un gran respeto por Mahatma, por supuesto, y dijo que su padre lo había enviado a vivir con su abuelo desde los doce años de edad hasta los trece y medio.

—A mi mamá le habría encantado mandarme a algún sitio, a cualquier sitio, cuando yo tenía esa edad.

—Sí, estoy seguro de que a mi padre le habría gustado hacer lo mismo. Cuando están entrando en los años de la pubertad, los varones son terribles. Arun me dijo que había aprendido muchísimo de Mahatma acerca de la disciplina y del sabio uso del poder (cómo Mahatma cobraba por su autógrafo, pues entendía el valor de su firma, y donaba el dinero a los pobres), pero reconocía que fue su propio padre quien le había enseñado la lección más importante unos cuantos años después, cuando tenía diecisiete años.

»Me dijo que su padre le pidió que lo condujera en su

auto a un edificio de oficinas, a unos quince kilómetros —nueve millas— de distancia de su casa. Cuando llegaron, su padre le dijo que necesitaba que le llevara el auto al taller de reparaciones, que esperara que arreglaran el vehículo y que volviera a recogerlo a las cinco p.m., no más tarde. Fue muy específico acerca de eso; había estado trabajando largas y duras jornadas durante días y deseaba irse a la oficina exactamente a las cinco en punto.

»Arun dijo que entendía, y se llevó el auto al taller de reparaciones. A mediodía, iba a almorzar y regresar después, pero el mecánico le dio las llaves y le dijo que el auto ya estaba arreglado.

—Oh-oh . . . un chico de diecisiete años, un auto y cinco horas para hacer lo que quiera no son una buena combinación —dijo Arturo.

—Exactamente. Arun comenzó a dar vueltas por el pueblo, encontró un cine y entró para la función doble. Se absorbió tanto en las películas que ni pensó en mirar su reloj hasta que terminó la segunda . . . a las 6:05 p.m. Corrió hacia el auto y se apresuró a llegar al edificio de su padre para recogerlo. Allí estaba su padre de pie, solo, esperando que su hijo llegara.

»Arun saltó del auto y le pidió perdón por su tardanza.

"Hijo, ¿qué te pasó? He estado preocupado por ti. ¿Qué pasó?"

"Fueron esos estúpidos mecánicos, Papá. No podían hallar qué le pasaba al auto y fue ahora que acabaron de repararlo. Vine tan pronto terminaron."

»El padre de Arun permaneció en silencio. No le dijo a su hijo que él había llamado al taller a las cinco y media porque le preocupaba que algo le hubiera sucedido, y que sabía que el auto ya estaba listo desde el mediodía. Sabía que su hijo estaba mintiendo. ¿Qué crees que hizo a continuación?

—¿Lo molió a golpes?

—No, pero eso fue lo mismo que yo pensé.

—¿Lo castigó durante una semana y no volvió a dejarle usar el auto jamás?

—No.

—¿Le dijo que no podía ver a su novia ni hablarle por teléfono durante un mes?

—No.

—Está bien, me rindo. ¿Qué hizo?

—El padre le dio las llaves del auto a Arun y le dijo: "Hijo, *vete a casa en el auto. Yo me iré caminandoa*".

—¿Qué?—exclamó Arturo.

—Eso fue lo que Arun le preguntó a su padre. Era una caminata de quince kilómetros. Pero espera a que oigas la respuesta del padre: "Hijo, *si en diecisiete años no he sido capaz de hacer que confíes en mí, debo ser un mal padre. Debo caminar hasta casa para meditar sobre cómo puedo ser un padre mejor, y te pido perdón por ser tan mal padre*".

—¡No puedo creerlo! ¿De verdad que fue eso lo que hizo el padre? ¿O es que estaba fingiendo un drama para hacer sentir culpable al hijo?

—El padre comenzó a caminar. Arun se montó en el auto, empezó a conducir, acercando el vehículo junto a su padre, rogándole que montara en el auto. El padre se negaba y seguía caminando, diciendo: *"No, hijo. Vete a casa, vete a casa"*. Arun condujo junto a su padre durante todo el trayecto, pidiéndole una y otra vez que, por favor, entrara en el auto. El padre se negó a cada uno de sus ruegos, y ambos llegaron a casa casi cinco horas y media más tarde, a las once y media de la noche.

—Eso es asombroso. ¿Qué pasó después?

—Nada. El padre, sencillamente, entró en la casa y se fue a la cama. Así que le pregunté a Arun qué había aprendido de esta increíble experiencia y ésta fue su respuesta: *"Desde entonces, jamás he vuelto a mentirle a otro ser humano"*.

—¡Qué cosa tan increíble, Sr. P!

—¿No es cierto, Arturo? Esa historia me enseñó muchas lecciones importantes.

—Dígame, Sr. P . . . por favor.

—Lo haré, pero antes, dime qué aprendiste tú. ¿Y tiene que ver con la teoría del marshmallow?

Cosa rara en él, Arturo se quedó callado durante unos minutos. Ya habían llegado a su destino cuando habló:

—La solución fácil al problema habría sido gritar, amenazar, golpear . . . castigar al chico. Si yo hubiera sido el padre, eso es lo que me habría parecido apropiado en ese momento. Eso es lo que me habría satisfecho instantáneamente. Pero en lo que se refiere a enseñar una lección al muchacho, habría sido como comerse el marshmallow. El padre dando rienda suelta a sus impulsos, el hijo arrepintiéndose . . . y luego ambos olvidarían el incidente casi de inmediato. A decir verdad: hay muchísimas otras cosas peores que el hijo hubiera podido hacer en el auto ese día. Si este padre le hubiera pegado por llegar tarde y por mentir, se habría sentido castigado. Tal vez arrepentido, tal vez resentido, tal vez temeroso, pero el incidente habría sido sólo otra de las trastadas normales que los adolescentes cometen. Pero debido a que el padre demoró su propia recompensa —y sigo sin entender cómo pudo controlarse de tal forma—, el padre tuvo sobre su hijo una influencia mayor y que le sirvió para toda la vida. ¿No es así, Sr. P?

—No se trata sólo de eso, Arturo. Pero estoy de acuerdo contigo. La historia demuestra de manera conmovedora cuánta fuerza de voluntad puede hacer falta para evitar comerse el marshmallow, pero al mismo tiempo cuánto mayor puede ser el impacto que tengamos si evitamos la tentación y nos concentramos en las recompensas a largo plazo.

—¿Qué otra cosa aprendió usted, Sr. P?

—Que no podemos controlar a los demás ni tampoco la mayoría de los sucesos. Pero *podemos* controlar nuestro propio comportamiento. Y la forma en que actuamos puede tener un impacto enorme en la forma en que actúan otras personas, y que lo que hacemos con respecto a un suceso, o cómo reaccionamos ante él, es más importante que el suceso mismo. Dar un ejemplo nos da un inmenso poder de influencia . . . el poder de la persuasión. Y ésa es la herramienta más poderosa para el éxito.

—¿Me lo puede explicar, Sr. P.?

—Claro que sí, Arturo. Tarde o temprano, cada persona exitosa se da cuenta de que para obtener lo que quiere de otras personas, ellas tienen que tener el deseo de ayudarte. Sólo hay seis formas de conseguir que los demás hagan algo: por medio de la ley, por dinero, mediante la fuerza física, ejerciendo presión sobre sus sentimientos, por medio de la belleza física o de la persuasión. De todos estos medios, la persuasión es el más poderoso. Te lleva a otro nivel. El padre de Arun Gandhi persuadió a su hijo a ser honesto durante el resto de su vida. Yo persuadí al presidente de la corporación latinoamericana a firmar el acuerdo de diez millones de dólares y, espero, persuadí a mi vicepresidente de ventas a dejar de comerse los marshmallows.

—Qué bien, Sr. P. Estamos a punto de llegar a su próxima cita. Ojalá que hubiera más tráfico para que usted me contara más historias. He estado tomando notas, no mientras manejo, sino cuando llego a casa. ¿Pudiera decirme algo para resumir lo que hemos hablado hoy?

—Sin duda, Arturo. Puedes escribir esto: la gente de éxito está dispuesta a hacer cosas que los fracasados no están dispuestos a hacer. Ésa es mi filosofía, y te prometo que mañana te contaré por lo menos una historia más para ilustrarlo.

• • •

Cuando Arturo llegó a casa, le echó un vistazo a los tres marshmallows que estaban sobre su mesita de noche y se sonrió, ya que, aunque tenía hambre, no se sintió tentado a comérselos: quería ver cuántos podría acumular. Entonces sacó una libreta de notas y anotó las cosas que había aprendido, arreglándolas por categorías:

- **No te comas el marshmallow enseguida. Espera por el momento oportuno, de manera que puedas comer más marshmallows.**

- **Las gente de éxito no rompe sus promesas.**

- **Un dólar duplicado cada día durante treinta días suma más de $500 millones. Piensa a largo plazo.**

- **Para conseguir lo que deseas de los demás, ellos deben desear ayudarte y deben confiar en ti.**

- **La mejor forma de lograr que los demás hagan lo que tú deseas es persuadirlos.**

- **La gente de éxito está dispuesta a hacer cosas que los fracasados no están dispuestos a hacer.**

4

Lo que los triunfadores están dispuestos a hacer

—Entonces, Sr. P. —comenzó a decir Arturo sin más preámbulo tan pronto Juan estuvo sentado en su sitio acostumbrado en la parte trasera del Lincoln Continental—, déme algunos ejemplos de lo que los triunfadores están dispuestos a hacer que los fracasados no hacen.

—Buenos días, Arturo.

—Buenos días, Sr. P. No fue mi intención ser descortés, pero es que estoy muy ansioso por aprender más sobre lo que hace falta para tener éxito.

—Me alegra saberlo, Arturo, y no me ofendí. Trataré de darte dos ejemplos esta mañana mientras vamos hacia la ciudad.

—Gracias, Sr. P.

—¿Sabes quién es Larry Bird?

—¿El gran jugador de los Celtics de Boston? Claro que sí.

—En los últimos años de su carrera, mucho después de haber establecido su reputación como astro del baloncesto, e incluso cuando estaba jugando con un equipo mediocre, tomó la costumbre de llegar horas antes que los demás para poder llevar a cabo un complicado ritual.

—¿Qué hacía, Sr. P?

—Driblaba la pelota lentamente, de un lado al otro de la cancha, constantemente. ¿Por qué? Estaba examinando cada pulgada —cada pulgada— de la cancha para asegurarse de que sabía dónde estaban todas las imperfecciones, de manera que, si faltando segundos para terminar el partido, él llevaba la pelota y su equipo iba a la cabeza por un punto, o estaba perdiendo por un punto, él nunca perdería el control de la pelota al rebotarla en un sitio de la cancha donde pudiera desviarse.

—¿En todos los partidos? Increíble.

—¿No es verdad? Mira eso: un hombre que estaba ganando millones, solo en la cancha, haciendo lo que nadie hace. Tuvo éxito porque estuvo dispuesto a hacer lo que los que fracasan no están dispuestos a hacer. Como jugador de baloncesto, Larry Bird no tenía habilidades especiales, excepto ser muy buen anotador. Como saltador, quizás hubiera clasificado en el número 253 de la liga; como corredor, tal vez en el 146. No había ningún aspecto en él que fuera mejor que los demás. Sin embargo, es uno de los cincuenta mejores jugadores en la historia del baloncesto.

»Estuvo dispuesto —continuó Juan— a esforzarse más, y de manera más inteligente, que los demás, y logró un éxito que otros jugadores con más habilidades naturales no pudieron alcanzar.

—¿Y dice usted que Bird hacía eso incluso después de haber llegado a la cima? ¿En una época en la que podría haberse sentado a comer paquetes de marshmallows y seguir ganando su salario multimillonario? Es admirable. Podría haber seguido jugando cómodamente más o menos hasta llegar al retiro, pero no lo hizo.

—Así es. Participaba en cada juego como si fuera el primero, aprovechaba cualquier oportunidad para practicar con tanta seriedad como cualquier otro, incluso cuando la competencia no merecía el esfuerzo.

—Creo que hay tiempo para otro ejemplo, Sr. P, si usted quisiera.

—Tengo otro ejemplo del mundo deportivo. He visto que usas gorras de los New York Yankees. ¿Eres fanático de ellos?

—Voy a sus juegos siempre que puedo.

—¿Has oído hablar del receptor Jorge Posada?

Arturo asintió.

—Cuando Jorge era mucho más joven, su padre, Jorge Luis, le preguntó si quería llegar a las grandes ligas. Jorge Luis se dedica a buscar jugadores para los Rockies de Colorado, y también jugó con el quipo olímpico de Cuba, así que conoce bien el béisbol y también otros deportes.

"Sí, Papá, quiero ser pelotero profesional, y quiero jugar en la grandes ligas", le dijo Jorge.

"Bueno, mi hijo, a partir de mañana vas a ser receptor".

"¡Papá, yo soy segunda base, no receptor!" protestó Jorge. Le rogó a su padre que lo dejara jugar segunda base, pero su padre se negó.

"Si quieres ser un pelotero de grandes ligas algún día, tienes que ser receptor. Yo sé lo que te digo".

»Jorge lo aceptó y al día siguiente se convirtió en receptor. El manager del equipo en que Jorge estaba jugando en esa época no quería un receptor, y lo botó del equipo. Tuvo que buscar otro equipo donde jugar. Por fin, un equipo lo aceptó como refuerzo. Un día, el receptor habitual se lesionó la rodilla y Jorge empezó a jugar regularmente como receptor. No era muy bueno, pero tenía la habilidad y el manager estuvo dispuesto a entrenarlo. Otro día, Jorge Luis le preguntó a su hijo si todavía quería llegar a las grandes ligas, y Jorge le dijo que sí.

"Bueno, pues mañana empiezas a batear a la zurda". Nuevamente, Jorge discutió con su padre.

"Papá, yo soy derecho".

"Si quieres tener éxito en las grandes ligas, debes ser un receptor que sepa batear para los dos lados".

»Jorge accedió. Comenzó a batear a la zurda y falló dieciséis veces seguidas (según Jorge . . . veintitrés según su padre) hasta que tuvo un cuadrangular.

»En 1998, Jorge bateó diecinueve cuadrangulares y

diecisiete de ellos fueron zurdos. En el año 2000, bateó un cuadrangular a la zurda y otro a la derecha en el mismo juego. Bernie Williams hizo lo mismo, y ésa fue la primera vez en la historia que dos jugadores del mismo equipo lograron esa hazaña. Jorge bateó veintiocho cuadrangulares en el año 2000, y junto con Derek Jeter, Bernie Williams y Mariano Rivera, logró llegar al Juego de las Estrellas. En 2002, bateó veinte cuadragulares. En 2003 también logró participar en el Juego de las Estrellas y firmó un contrato por cincuenta y un millones de dólares. Lo mejor de todo es que bateó treinta cuadrangulares, igualando el récord de Yogi Berra de más cuadrangulares bateados por un receptor en la historia de los Yankees.

—Y yo sé por qué, Sr. P: porque estuvo dispuesto a hacer lo que no están dispuestos a hacer los peloteros que no triunfan.

—Es cierto. Estuvo dispuesto a convertirse en receptor a pesar de que pensaba que debía ocupar la segunda base; estuvo dispuesto a aprender a batear a la zurda, aunque era diestro de nacimiento. Para hacerse un pelotero de éxito, estuvo dispuesto a tomar decisiones y a hacer sacrificios que quienes no triunfan no están dispuestos a hacer.

—Le agradezco que me cuente todo esto, Sr. P. Todavía estoy tratando de averiguar cómo aplicarlo a mi propia vida. Pero también tengo una preocupación. En ese estudio del marshmallow, usted y los otros niños tenían cuatro o cinco años de edad, y el que se comieran o no el marshmallow en ese entonces pareció decidir su éxito futuro. Y entonces, ¿qué pasa con los niños (y los adultos como yo) que anteriormente (¿o incluso en la actualidad?) siempre se han comido el marshmallow? ¿Podemos también convertirnos en triunfadores, o estamos condenados a comernos cada marshmallow que nos pongan por delante durante el resto de nuestras vidas?

—Si yo pensara eso, Arturo, no te contaría estas historias. Indudablemente, es más fácil resistirse a comer el marshmallow cuando se es adulto si toda tu vida has aceptado la demora de una recompensa. Pero también sería más fácil ser un bateador para ambos lados si hubieras nacido ambidiestro, que si hubieras nacido diestro o zurdo. El éxito no depende de tu pasado ni de las circunstancias del presente. El éxito depende de que estés dispuesto a hacer lo que haga falta para conseguirlo, y el día que pongas esa voluntad en acción, habrás dado el primer paso hacia ese éxito. La palabra importante es *ahora*.

—Es bueno saberlo, Sr. P. No es lo que hayas hecho en el pasado, sino lo que estás dispuesto a hacer en el presente lo que determinará tu futuro.

—Sí, Arturo. Así que ésa es una pregunta que tendrás que hacerte a ti mismo: ¿qué estoy dispuesto a hacer hoy para ser exitoso mañana?

—Me ha dado usted mucho que pensar, Sr. P. Y voy a tener que pensar mucho más sin su ayuda. ¿Siguen en pie sus planes de irse a Buenos Aires por la mañana?

—Sí, Arturo, voy a estar fuera unos cuantos días. Tendremos mucho de qué hablar cuando regrese.

. . .

Arturo escribió en su libreta esa noche:

El éxito no depende de si anteriormente has sido un comedor de marshmallow o de si te has resistido a ellos. El éxito depende de lo que estás dispuesto a hacer hoy día para tener éxito mañana.

Arturo miró los cuatro marshmallows que estaban sobre su mesita de noche. Mañana tendría ocho. Cuando el Sr. P regresara, si no se había comido ninguno, tendría ocho, dieciséis, treinta y dos, sesenta y cuatro, ciento veintiocho . . . ciento veintiocho marshmallows. ¡Probablemente tendría que comprar un par de bolsas más!

Arturo sacó su billetera y se sorprendió al descubrir que, la víspera de su próximo día de pago, le quedaban casi $200. ¿Cómo era posible? La mayoría de las semanas sólo le quedaban $20 en el momento en que su próximo depósito directo llegaba al banco, y más de una vez había tenido que arreglárselas con las pocas monedas que pudiera encontrar en los asientos del auto y entre los almohadones del sofá. Por lo general, Arturo se preguntaba asombrado a dónde podría haber ido a parar su dinero. Hoy, estaba perplejo de por qué no se le había acabado.

. . .

Sin saber bien por qué, a Arturo le pareció importante averiguarlo, así que tomó su libreta de notas e hizo una lista:

Dinero ahorrado al comer en casa: $70

Arturo no se había perdido ninguna de las comidas de Esperanza a lo largo de la semana. Había pasado más tiempo en casa (muchísimo más) y siempre estaba presente a la hora de la comida. Durante cinco años, había tenido el lujo de disfrutar de un empleo con un plan de comida *gourmet* gratis y, sin embargo, siempre paraba a comer dos veces al día en un sitio de comidas rápidas. Si ahorraba $70 a la semana al comer en casa, tendría $3.640 al final del año. Desde antes de haberse comprado aquel Corvette cuando cumplió los dieciséis años, Arturo no había ahorrado mucho dinero.

Dinero ahorrado al no ir a los bares: $50

Arturo no bebía mucho, pero casi siempre pasaba por un bar una o dos veces a la semana. Dos tragos y la propina le costaban unos $20, y siempre le pagaba tragos a alguien, a un amigo o a una mujer hermosa. Esta semana, había estado tan ensimismado pensando en los marshmallows y en cómo dejar de comerlos que, sin quererlo, había logrado su meta:

había ahorrado $50 sin esfuerzo. Si hiciera eso todas las semanas, al cabo del año tendría $2.600.

Dinero ahorrado al dejar de jugar póker todas las semanas: $50

Arturo se había involucrado tanto haciendo investigaciones en el internet con la computadora del Sr. P el jueves por la noche, que se había olvidado del juego. Arturo jugaba bastante bien al póker —jamás perdía en ello todo su salario, como les sucedía a otras personas—, pero se habría mentido a sí mismo si dijera que siempre ganaba. Por lo general empezaba a jugar con $100, y a veces ganaba $200, pero en ocasiones lo perdía todo. Probablemente gastaba un promedio de $50 a la semana jugando al póker.

• • •

Así que, esta semana había ahorrado $70 en comida, $50 en bebidas y otros $50 en pérdidas de juego. Todo eso sumaba $170, lo que estaba bastante bien. La semana pasada, se habría sentido satisfecho de tener $30 en el bolsillo la noche antes del día de pago. Asombroso. El gasto mayor que había realizado Arturo la semana pasada había sido $1,77 en marshmallows.

¿Qué pasaría si ahorrara ese dinero todas las semanas? ¿Era posible? Bueno, sin duda que era posible; lo había demostrado. Pero, ¿era realista?

Él estaba seguro de que podría ajustarse al plan de comer en casa. Incluso si no llegaba a tiempo a algunas comidas, la cocina siempre estaba abierta para él. En dos minutos, podría prepararse una costilla asada, pollo cocido o un "sandwich" cubano. ¿Qué sentido tenía perder el tiempo en la línea de servi-carro (*drive-in*) de un restaurante de comidas rápidas durante cinco o diez minutos, cuando ese tipo de comida estaba esperando por él en casa?

Sí, podía ahorrar los $70 a la semana en gastos de comida para lograr ahorrar al año $3.640.

¿Y qué pasaba con sus gastos semanales de $50 en bebidas? Probablemente seguiría yendo al bar de vez en cuando, pero si iba con menos frecuencia, si dejaba, para cambiar, que fueran sus amigos quienes le pagaran tragos a él y desistía de sus poco convincentes intentos de tratar de impresionar a las chicas, fácilmente podría ahorrar $30 a la semana, lo cual sumaría $1.560 al final del año.

¿Y en cuanto al póker? A Arturo le gustaba jugar; no quería abandonar el juego por completo. Pero, ¿y si sólo jugara la mitad de las veces que lo hacía actualmente? Ahorraría $1.300 al año.

Arturo lo sumó todo:

Dinero ahorrado en comida:	**$3.640 al año.**
Dinero ahorrado en bebidas:	**$1.560 al año**
Dinero ahorrado en el póker:	**$1.300 al año**
Total:	**$6.500 al año**

En forma de broma, Arturo hizo otro cálculo más antes de poner a un lado su libreta de notas. Contó que había 66 marshmallows en la bolsa que había comprado. A $1,77 la bolsa, ¡podría comprar 3.672 bolsas, ó 242.352 marshmallows con lo que ahorrara al año! O, quizás, algo más valioso . . .

La mente de Arturo estaba repleta de ideas cuando se fue a la cama esa noche, pero la que más se destacaba era la garantía del Sr. P de que él no estaba condenado a una vida de satisfacción limitada. ¿Qué había dicho?

El éxito no depende de tu pasado ni de tu presente. El éxito comienza cuando estás dispuesto a hacer lo que las personas que fracasan no están dispuestas a hacer.

. . .

Arturo tuvo un poco de tiempo a su disposición al día siguiente antes de tener que ir al aeropuerto para recoger a Juan Paciente. Condujo hasta una tienda de artículos de oficina, compró un pizarrón grande y lo colgó en su habitación. Escribió en letras grandes una lista de las cosas que había aprendido la semana anterior.

- **No te comas el marshmallow enseguida. Espera por el momento oportuno, de manera que puedas comer más marshmallows.**

- **Las gente de éxito no rompe sus promesas.**

- Un dólar duplicado cada día durante treinta días suma más de $500 millones. Piensa a largo plazo.

- Para conseguir lo que deseas de los demás, ellos deben desear ayudarte y deben confiar en ti.

- La mejor forma de lograr que los demás hagan lo que tú deseas es por medio de la persuasión.

- La gente de éxito está dispuesta a hacer cosas que los fracasados no están dispuestos a hacer.

- El éxito no depende de tu pasado ni de tu presente. El éxito comienza cuando estás dispuesto a hacer lo que las personas que fracasan no están dispuestas a hacer.

Debajo de eso, escribió una pregunta:

¿Qué estoy dispuesto a hacer hoy para ser una persona exitosa el día de mañana?

Y algunas respuestas:

- Comer en casa.

- Gastar menos dinero en el bar.

- Jugar al póker dos veces al mes en lugar de una vez a la semana.

- Pensar a largo plazo.

5

Multiplicación del marshmallow

Cómo obedecer la regla de treinta segundos

Arturo estaba a la cabeza de la fila de limusinas cuando Juan Paciente regresó de Buenos Aires. Saltó de su asiento para agarrar las maletas de su patrón.

—¡Bienvenido a casa, Sr. P! ¿Tuvo un buen viaje? ¿Lo trataron bien los argentinos? ¿Tuvo tiempo de bailar un poco de tango?

—Hola, Arturo. Me fue bien en Buenos Aires, gracias por preguntar. No, no tuve oportunidad de practicar el tango en este viaje. Sabes, Arturo, ahora que pienso en eso, los argentinos están pasando por una época muy mala. En realidad, el principio del marshmallow se aplica tanto a los países como a las personas.

—¿Qué quiere decir, Sr. P?

—Bueno, Argentina es uno de los países más ricos del mundo en lo que se refiere a recursos naturales, pero el país está prácticamente en quiebra. Hace muchos años, tenía la octava economía más grande del mundo. Ahora la están pasando mal; no tan mal como Cuba o Haití, pero están muy mal.

—¿Por qué, Sr. P?

—Bueno, Arturo, ésa es una pregunta difícil de contestar. Podríamos decir que existen muchas razones. Una de ellas es la corrupción gubernamental (aunque acaban de elegir un nuevo presidente que dice que va a poner fin a eso); también son asuntos preocupantes la mala planificación y las personas que no están motivadas (incluidas aquellas que dicen que sus líderes las han despojado de su motivación). Pero lo más importante de todo, Arturo, es que han gastado más de lo que han producido, un caso evidente de haberse comido sus marshmallows demasiado pronto.

»Arturo, mira a Japón, Singapur, Malasia o Corea del Sur. Su desarrollo económico ha sido muy superior al de muchos países de América Latina.

—¿Por qué, Sr. P?

—Bueno, pues porque no se comen todos sus marshmallows, Arturo, sino que ahorran muchos de ellos. Como soy estadounidense de raíces cubanas, me duele lo que les sucede a los latinoamericanos. En esa parte del mundo hay gente muy buena, y cuentan con los recursos para tener mucho éxito. Poseen alrededor del treinta por ciento de los recursos del mundo, y sin embargo sólo son responsables por aproximadamente el nueve por ciento de la productividad mundial. Tenemos que cambiar eso, Arturo. Y una de las metas de mi vida es ayudarlos a desarrollarse y a ser más exitosos. La Internet ayudará enormemente a América Latina a salir de su decadencia económica. Excepto en Cuba, donde a los ciudadanos comunes no se les permite el acceso a la Internet, en el resto de América Latina el uso de la Internet está aumentando a un ritmo extraordinario.

—Usted es un genio, Sr. P —dijo Arturo.

—No, Arturo, no soy un genio. Es sentido común y leer mucho.

—Déjeme preguntarle, Sr. P: ¿son los asiáticos más inteligentes que los latinoamericanos?

—No, Arturo. En ambas regiones hay personas muy inteligentes. Me parece que es algo que tiene que ver con la cultura.

—Bueno, veo muy claramente que estamos comparando comedores de marshmallows con gente que no se los come.

—Eres listo, Arturo, aprendes rápido.

—Gracias, Sr. P. Por cierto, ¿recuerda cuando, hace tiempo, usted me dijo que podía usar su computadora?

—Sí, ¿por qué?

—Pues bien, espero que no le importe, pero la usé mientras usted estaba de viaje. No sabía si su oferta estaba todavía en pie después de tanto tiempo. Si no, de verdad que lo siento.

—Según recuerdo, te dije que podías usar la computadora en cualquier momento en que yo no estuviera usándola, siempre y cuando la usaras de manera responsable. ¿No fue así?

—Así fue, Sr. P.

—¿La usaste para buscar pornografía en el Internet?

—¡No, Sr. P!

—¿Para apostar?

—No

—¿Para tratar de comprar cosas en eBay que no tienes dinero para comprar?

—No, Sr. P.

—Entonces voy a suponer que la usaste responsablemente, Arturo, y puedes seguir haciéndolo cada vez que desees.

—Gracias, Sr. P. Ummm . . . ¿no va a preguntarme para qué la usé?

—No, Arturo, confío en que me lo digas (si quieres) cuando estés listo para hacerlo. Me alegra que te hayas interesado en las computadoras. Son una inestimable fuente de información.

—Eso estoy viendo, Sr. P, eso estoy viendo.

—¿Quieres preguntarme algo? Precisamente antes de que yo salira de viaje me estabas preguntando acerca de tu capacidad para resistirte al marshmallow. ¿Tienes otras preguntas respecto a eso?

—Un poco de inspiración podría serme útil.

—Ya antes te conté acerca de que mi padre estudió en Stanford (así fue como me reclutaron para el estudio del marshmallow), pero nunca te dije cómo fue que él llegó allí, ni lo que significó para él obtener su título. En Cuba, mi padre había sido un exitoso periodista, había escrito diecisiete libros, había conocido a Fidel Castro, aunque era un franco opositor de él.

»Cuando nos fuimos de Cuba, él no tenía un centavo (todo se lo habían quitado) y Mamá estaba embarazada de mí. Mi padre aceptaba cualquier trabajo que podía encontrar, pero siempre ahorraba algo de cada pago salarial, por poco que fuera. Y cuando no pudo encontrar trabajo en algún periódico en Estados Unidos, decidió cambiar de profesión. Fue entonces cuando comenzó a solicitar entrada en las universidades, y al fin consiguió una beca en una de las instituciones de enseñanza más prestigiosas del país, Stanford. Tuvo que seguir trabajando para poder pagarse los estudios, pero hizo las dos cosas.

»Él me transmitió sus principios, y me insistió en que abriera una cuenta de ahorros cuando conseguí empleo como repartidor de periódicos a los trece años de edad. También me instó a que solicitara entrada en las mejores escuelas del país, lo cual hice. Obtuve mi título de bachiller y mi Maestría en Administración de Negocios (MBA) en la Universidad de Columbia. Me aceptaron en la escuela, al menos en parte, porque les conté acerca del concepto del marshmallow que había aprendido de mi padre.

»Es bastante fácil conseguir un buen empleo si tienes un MBA de Columbia, y lo logré. Xerox me contrató enseguida que me gradué, y comencé a ganar bastante dinero. Acordándome de cómo mi padre había ahorrado parte de su salario, inclusive cuando casi ni le alcanzaba para pagar por la comida, yo ahorraba el diez por ciento de todo lo que ganaba. También participaba en el plan 401(k) de la compañía (como muchas otras corporaciones, Xerox equiparaba mis contribuciones con las suyas) y la estaba pasando bien, logrando promociones y aumentos de sueldo. Me sentía cómodo y modestamente exitoso.

»Luego me enteré acerca de una compañía de Internet que estaba pasando por problemas, y tuve que tomar una decisión: quedarme con Xerox y continuar avanzando y ascendiendo por la ruta corporativa, o arriesgarme para intentar un triunfo (o un fracaso) aun mayor por mi cuenta. Por suerte, tenía algunos amigos en Xerox que eligieron seguirme. Compramos E-xpert Publishing, Inc, y desarrollamos una empresa que podía satisfacer la necesidad que tenía el público de diseño para el Web y mercadeo por Internet. Luego, haciendo uso de mi propia experiencia en Xerox en la capacitación de ejecutivos y vendedores, pudimos verdaderamente expandirnos por medio de cursos a través de la Web. Nos concentramos en conseguir un cliente grande, en vez de buscar un montón de negocios pequeños, lo cual significó millones de dólares de ganancias y reconocimiento de nuestra marca.

»Lo que quiero decir con esto, Arturo, es que mucha gente podría haber hecho lo que nosotros hicimos con Expert Publishing. En el mundo debe de haber cientos de miles de capacitadores que podían haber adaptado sus habilidades educativas a los requisitos técnicos de la Web, y por lo menos la mitad de ellos tiene la experiencia adicional de ventas como para conocer el poder de no comerse el marshmallow (engullendo clientes pequeños), sino esperar por otros más grandes e importantes.

—Pero nadie lo hizo.

—Nosotros fuimos los primeros, aunque desde aquella época ha habido muchos otros que han tratado, y dentro de poco habrá muchos más pisándonos los talones.

—Entonces, ¿cómo se mantienen a la cabeza, Sr. P?

—Bueno, Arturo, déjame mostrarte lo que mi papá me dio cuando yo era muy joven.

Juan extrajo su billetera y desdobló un pedacito de papel que decía:

Cada mañana en África una gacela se despierta.

Sabe que tiene que ser más rápida que el león más rápido o no sobrevivirá.

Cada mañana un león se despierta. Sabe que tiene que ser más rápido que la gacela más lenta o morirá de hambre.

No importa si usted es gacela o león.

CUANDO SALGA EL SOL, ARRANQUE A CORRER.

—Caramba, Sr. P. ¡Qué impresionate y cúan cierto!

—Sí, Arturo, por eso es que lo he guardado en mi billetera durante veinte años.

»De manera que estamos listos a diario para correr más rápido que nuestros competidores y mantenernos al tanto de las exigencias de la investigación y el mercado.

—¿Qué otra cosa hace que usted sea exitoso, Sr. P?

—Siempre tenemos que obedecer la regla de los treinta segundos. Quienquiera que domine la regla de los treinta segundos tendrá más éxito que quienes no la dominen, incluso si esas personas son más inteligentes, más talentosas y lucen mejor físicamente.

—¿Qué regla es ésa, Sr. P?

—No importa cómo te ganes la vida, ante todo y por encima de todas las cosas tu negocio consiste en relacionarte con personas. Esas personas decidirán en los primeros treinta segundos de conocerte si quieren relacionarse contigo o no.

—¿Así que o se hace una buena impresión en el primer momento, o si no . . . olvida el tango?

—Algo así. Si la gente decide que tú les caes bien, todo lo relacionado a ti se ve bajo una luz positiva. ¿Saltas cuando estás excitado? La persona a la que le caigas bien considerará esto como entusiasmo. Quien no guste de ti pensará que tus saltos son una muestra de idiotez. Un entrevistador a quien le caes bien podría interpretar tus buenos modales como un gesto de consideración hacia los demás, mientras que aquél a quien no le agradas lo verá como una señal de debilidad. Si le caes bien a tu jefe, tu autoconfianza será vista como fuerza de carácter. Un jefe al que no le caes bien, te considerará arrogante.

—¿Y todo esto se basa en la percepción?

—Sí. El genio de una persona es la estupidez de otra. Todo depende de cómo la otra persona te vea en su imaginación. Conquista la imaginación y conquistarás el corazón. La regla de los treinta segundos es un dictamen del mundo de los negocios del que puedes sentirte confiado, Arturo. Tú te relacionas de manera natural con la gente. Siempre te irá bien.

—Gracias, Sr. P. Eso significa mucho para mí, sobre todo viniendo de usted.

—Algunos expertos consideran que el veinte por ciento del éxito financiero de las personas proviene de sus habilidades, sus talentos y sus conocimientos, mientras que el ochenta por ciento proviene de la habilidad para relacionarse con los demás, la capacidad para conectarse con las otras personas y ganarse su confianza y respeto. Ya te entrevisten para un empleo, o trates de conseguir un aumento salarial, o de vender un producto o servicio, mientras mejor sepas relacionarte con los demás, más oportunidades tendrás de obtener lo que quieres.

—Eso tiene sentido, Sr. P. He conocido a muchas personas que decían que eran inteligentes (y tal vez lo eran), pero como eran desagradables o tenían malos modales, yo no confiaba mucho en lo que decían. Y, sin embargo, he conocido a otros que yo, sin siquiera poner en duda sus conocimientos, creía que tenían algo que sería valioso para mí.

—¿Porque te caían bien?

—Sí, porque me caían bien. Y a pesar de que lo que dice la gente acerca de no confiar en las impresiones instantáneas, o no juzgar un libro por su cubierta, yo creo que lo hacemos constantemente.

—Claro que lo hacemos, y es sabio de tu parte reconocerlo. Y, como yo decía, creo que tú eres un experto en eso de caer bien. Y antes de llegar a casa, quiero darte otro ejemplo de por qué pienso que cualquiera, no importa cuál haya sido su comportamiento anterior o sus circunstancias pasadas, puede tener éxito.

—Soy todo oídos, Sr. P.

—Había un vendedor de periódicos que comenzó a vender periódicos a lo largo de las líneas de tren de Caracas. Un vendedor de periódicos en Venezuela, un puesto nada glamoroso ni bien pagado. Pues bien, esa persona (su apellido es De Armas, en caso de que quieras buscarlo en la Internet—desgraciadamente, creo que recien murió), hace un tiempo vendió su imperio editorial a un conglomerado español por cientos de millones de dólares. ¿Te imaginas, Arturo? ¿Ser un pobre entre los pobres, y ahora ser un rico entre los ricos? Él ahorraba un porcentaje de todo lo que vendía. Cuando tuvo suficiente dinero, compró su primer estanquillo de periódicos, y luego otro, y otro, y así.

—Le pedí me que diera inspiración, Sr. P, y no le quepa duda de que lo ha hecho. Muchísimas gracias.

—No hay por qué, Arturo.

—Tengo que hacer algunos encargos en la ciudad, Sr. P, si es que usted no me necesita en las próximas horas.

—No tengo planes, Arturo. Haz tus cosas y te veré por la mañana.

· · ·

Arturo llevó a Juan Paciente a su destino, lo dejó allí y se dirigió al banco, donde abrió una cuenta de ahorros en la que depositó $350, el dinero que le había sobrado de sus dos pagos anteriores. Todavía faltaban un par de días para el día de pago, pero con $50 en el bolsillo Arturo estaba seguro —cosa rara— de que no se quedaría sin dinero durante el fin de semana. Luego condujo hasta la biblioteca para llevarse a casa un libro que estaba reservado para él en el buró de referencia. Se titulaba *Sobrevivir entre pirañas: cómo conseguir lo que quieres con lo que tienes*. Si, Arturo había aprendido del Sr. P que siempre hay que leer libros de motivación personal, escuchar CDs o DVDs de motivación personal, y ver vídeos de motivación personal. Así que estaba listo para leer un buen libro de motivación durante el fin de semana. Como era viernes, Arturo pasó a tomarse un trago —sólo uno, inclusive si era otro quien pagaba—, y luego fue a ver si la computadora del Sr. P estaba disponible para investigar más sobre universidades y las diferentes profesiones.

· · ·

Mientras Arturo estaba fuera, Juan Paciente pensó en el nuevo interés de su chofer en las computadoras, y decidió que sería lógico darle una de sus muchas computadoras portátiles (*laptops*) sobrantes. Toda su mansión residencial estaba preparada para tener acceso de alta velocidad a la Internet, de modo que Arturo podía usar la computadora en cualquier momento y lugar que deseara. Juan, que estaba cansado, pero aún con un poco de energía restante de su viaje, prefirió llevarle él mismo la computadora en vez de encargarle esa tarea a alguien de su personal.

Una caminata podría ayudarlo a salir del estrés que aún le quedaba luego del largo viaje, y si pudiera llevarle la computadora antes de que Arturo regresara, su chofer tendría una agradable sorpresa esperando por él.

Pero fue Juan el que se sorprendió cuando entró en la casa-cochera y descubrió algunos cambios notables: un pizarrón lleno de frases que hacía poco él le había dicho a Arturo, doce grupos de diez marshmallows y ocho más —contó rápidamente— esparcidos alrededor. Juan hizo un rápido cálculo mental. Al parecer, Arturo había estado duplicando marshmallows durante siete días. Si seguía a ese paso más tiempo, pensó Juan, muy pronto los marshmallows se tragarían la casa de Arturo.

Con una amplia sonrisa, Juan se fue sin tocar nada y se llevó la computadora. No quería avergonzar a Arturo al dejarle saber lo que había visto. Alguno de sus ayudantes podría traerla de nuevo más tarde o al día siguiente.

6

Con el marshmallow en mente

Las ventajas de saber retrasar la recompensa

Una semana después, Arturo estaba haciendo mandados nuevamente: devolviendo marshmallows a varios supermercados locales. Su pequeño experimento casero de duplicar marshmallows había demostrado ser incontrolable... y caro. Al cabo de catorce días, tenía unos 8.200 marshmallows en su habitación. Por suerte, dejó de abrir bolsas a mediados de semana y podría devolver más de 100 de las 125 que había comprado.

Aunque se sentía ligeramente tonto al ir de un mercado al otro, y al recibir miradas sospechosas y comentarios de los cajeros, también se sentía orgulloso de sí mismo:

• No se había comido ninguno de los marshmallows.

- Había llevado a cabo su experimento sin fallar ni uno solo de los catorce días que duró.

- Había gastado $225 en marshmallows, pero como no había abierto la mayoría de las bolsas y había conservado los recibos, recuperó más de $200. Iba a depositar los $200 en su cuenta de ahorros, su tercer depósito en siete días.

Arturo seguía decidido a cumplir su meta de treinta días de duplicación de los marshmallows, pero, gracias a que el Sr. P le había prestado una computadora, había descubierto una manera menos voluminosa (y menos costosa) de terminarla. Al colocar la imagen de un marshmallow en un documento y usar la herramienta de "copia y pega" (*copy and paste*) de la computadora, podía visualizar ese crecimiento dentro de los límites de la pantalla de su computadora portátil. Y para mantener un récord del crecimiento, también hizo una tabla:

Día 1	1
Día 2	2
Día 3	4
Día 4	8
Día 5	16
Día 6	32
Día 7	64

Día 8	128
Día 9	256
Día 10	512
Día 11	1024
Día 12	2048
Día 13	4096
Día 14	8192
Día 15	16.384
Día 16	32.768
Día 17	65.536
Día 18	131.072
Día 19	262.144
Día 20	524.288
Día 21	1.048.576
Día 22	2.097.152
Día 23	4.194.304
Día 24	8.388.608
Día 25	16.777.216
Día 26	33.554.432
Día 27	67.108.864
Día 28	134.217.728
Día 29	268.435.456
Día 30	536.870.912

Arturo también comenzó a clasificar a las personas que conocía como comedores de marshmallow y resistidores de marshmallow. Este nuevo modelo resultó ser esclarecedor, ya que Arturo descubrió que su antigua alianza con, y su admiración por, los comedores de marshmallow se iba transmitiendo a quienes se resistían a comérselos.

Por ejemplo, su amigo Porfirio era un conocido mujeriego, con un nuevo marshmallow del brazo cada semana. Durante mucho tiempo Arturo había sentido envidia del número de conquistas de Porfirio —nadie se llevaba a casa *más* mujeres que él—, pero ahora, si le dieran a escoger, Arturo pensaba que preferiría tener una novia maravillosa que no una docena de compañeras de cama por una noche. Pero, si no cambiaba la forma en que salía con las mujeres, ¿cómo iba jamás a encontrar una así? No podía emplear el tiempo necesario para desarrollar una relación importante y al mismo tiempo salir con muchas mujeres. No puedes ahorrar el marshmallow que ya te has comido.

Pensó en su amigo Nicolás. Las mujeres adoraban a Nicolás, y le pedían que saliera con ellas una y otra vez. Pero él rechazaba a la mayoría, lo que a Arturo desde hacía tiempo le había parecido una especie de locura. ¿Y ahora? Nicolás parecía ser dichoso, y una inteligente, simpática y preciosa mujer que Arturo le había presentado lo amaba desde hacía más de dos años. ¿Por qué Arturo se la había presentado a su amigo? Luego de haber salido con ella en un par de ocasiones, Arturo no había podido resistir el próximo marshmallow que había conocido.

Arturo también pensó en sus compañeros del póker. Inclusive mientras se juega a las cartas, es posible resistirse al marshmallow en vez de comérselo. Eric le apostaba a cualquier mano que tuviera la más remota posibilidad de ganar, y trataba de obligar a los otros jugadores a salirse del juego antes de tener la oportunidad de ganarle. Karim, por otra parte, la mayoría de las veces se retiraba después del primer reparto de cartas. Pero cuando tenía una buena mano, jamás se iba por la victoria fácil. Instaba a todos a que siguieran apostando hasta que la cantidad de dinero apostado fuera enorme . . . y entonces ponía sus cartas sobre la mesa. Karim no ganaba con tanta frecuencia como los otros jugadores de su grupo de póker, pero ganaba las cantidades más grandes. Arturo solía considerar a Karim un jugador de póker más bien aburrido, ¡pero ganar no tenía nada de aburrido! Tal vez Arturo podría aprender algo de Karim.

Karim pacientemente aguantó para lograr mayores ganancias, igual que el Sr. P aguantó para tener clientes más grandes y ventas mayores. Si Arturo pudiera encontrar un modo de aplicar la teoría de resistirse al marshmallow a su vida profesional y a su vida privada, eso sería una tremenda ventaja en su vida. ¿Podría él lograrlo?

Hasta ahora, Arturo estaba ahorrando dinero —casi un tercio de su cheque salarial— al comer en casa y al gastar menos en bebidas y en el juego. ¿Qué más podría hacer? ¿Qué más estaba *dispuesto* a hacer hoy día para convertirse en un triunfador mañana?

Arturo condujo hasta su casa y comenzó a elaborar mentalmente una lista:

COSAS QUE ESTOY DISPUESTO A HACER PARA TRIUNFAR:
¿Gastar menos? Sí. Reducir los gastos de diver-
siones.
¿Ahorrar más? Sí. Ponerme la meta de $200 a la se-
mana.
¿Ganar más? Sí, pero, ¿cómo?

Arturo pensó más en esto cuando llegó a casa. Su empleo de chofer le dejaba mucho tiempo libre, pero también era necesario que estuviera disponible para el Sr. P las veinticuatro horas, los siete días de la semana. No podía tomar un empleo de tiempo completo, como el de repartidor de pizzas: tendría que salir corriendo en el auto con la pizza de pepperoni de un cliente si el Sr. P lo llamaba por su celular. Pero debía haber *una forma de hacerlo*. Iba a investigar acerca de esto. Mientras tanto, ¿había otra forma de aumentar sus ahorros?

Arturo suspiró, caminó hasta el clóset y sacó su colección de postalitas de béisbol. ¡Cómo le gustaban esas postales! Durante unos diez años había estado coleccionando en serio. Algunas de sus postales debían valer cientos de dólares, tal vez hasta miles hoy día. ¿Podría desprenderse de ellas? ¿Valía la pena desprenderse de ellas? ¿Se debía su renuncia a motivos emocionales o financieros? Otra cosa en la que tenía que pensar.

Hasta ahora, Arturo no se sentía muy impresionado con su lista. Tal vez necesitaba enfocar el asunto de otra manera.

Quizás si definiera primero su meta, después se le ocurrirían las formas de lograrla. ¿Qué era lo que, en las últimas dos semanas, había él decidido que sería su prioridad básica: la que estaba investigando en la Internet y examinando en la biblioteca, sin decírselo a nadie?

Meta número uno: ir a la universidad.

Arturo sabía que la universidad era indispensable si quería tener éxito en cualesquiera de los campos que le interesaban. Entonces, ¿qué estaba dispuesto a hacer para conseguir su propósito? Gastar menos y ahorrar más . . . sí. Y también investigaría otros medios para lograr más dinero: ganar más y vender las cosas que no necesitaba.

Pero dinero no era lo único que necesitaba para ir la universidad. Primero tenían que aceptarlo. Escribió una nueva pregunta:

¿QUÉ ESTOY DISPUESTO A HACER PARA SER ACEPTADO EN UNA BUENA UNIVERSIDAD?

- **Estudiar para el examen de ingreso diez horas a la semana.**

Arturo había encontrado en la Internet muestras de exámenes, y en la biblioteca libros para estudiar. Podía comprometerse absolutamente a un programa preparatorio de dos horas por semana.

- **Comenzar a llenar solicitudes.**

Arturo se sorprendió de que gran parte de todo esto podía hacerlo a través de la Internet, incluso escribir las composiciones que debía presentar para ser aceptado. Podía salir de esta tarea ahora, antes de tomar la prueba, para no arriesgarse a perder ninguna fecha límite para la presentación de solicitudes.

- **Coordinar entrevistas en las universidades que me interesan.**

¿Qué era lo que el Sr. P había dicho acerca de que la mayor parte del éxito dependía de cuán bien te relacionaras con las demás personas? Arturo podía asegurar que sus solicitudes llamaran la atención si establecía de antemano contactos con personas que integraban los comités de revisión de solicitantes. Y, como era un chofer de veintiocho años cuyo historial académico no era nada notable, necesitaría una ventaja para competir con todos esos graduados de escuelas superiores de elites con impresionantes promedios de calificaciones.

- **Pedirle al Sr. P una carta de recomendación.**

Arturo añadió esto, pero luego lo tachó de la lista. Todavía no estaba dispuesto a hacerlo. Tal vez más adelante, cuando pudiera demostrarle a su patrón que sus propósitos eran serios, que había logrado por lo menos algunos de sus otros compromisos.

- **Darme más crédito por aceptar el reto del marshmallow.**

Quizás éste era un poco tonto, pero Arturo decidió dejarlo en su lista. Después de todo, hacía sólo tres semanas que se había enterado del concepto del marshmallow y ya había realizado algunos cambios significativos. Sin embargo, sólo unos minutos atrás se había regañado por lo corta que era su lista de "cosas que estoy dispuesto a hacer", y estaba molesto por no poder decidirse a vender su colección de postalitas de béisbol. Ser positivo lo ayudaría a mantenerse enfocado en su meta.

Al final, escribió:

Dentro de tres días, tendré un millón de marshmallows.

7

La tranquilidad que da el marshmallow

Propósito + Pasión = Paz mental

—Bueno, Arturo, ya hace unas cuantas semanas que hablamos por primera vez acerca del experimento del marshmallow. ¿Está afectando tu vida?

—Mucho más de lo que usted se imagina, Sr. P —dijo Arturo mientras se dirigía rumbo sur hacia la ciudad—. Hasta puedo decirle exactamente cuántos días hace que usted comparó mi Big Mac con un marshmallow: ¡veintinueve!

—¿Cómo es que te acuerdas de eso con tanta precisión, Arturo?

—Porque el día que usted me habló por primera vez de la teoría del marshmallow, también me habló de duplicar un dólar durante treinta días . . . para poder acumular más de quinientos millones de dólares. Me pareció que sería divertido hacer esa duplicación usando marshmallows, y, a partir de mañana, el Día Treinta, tendré 530.870.912 millones de marshmallows. Y si los duplico una vez más, tendré más de *mil millones de marshmallows*.

—Por favor, Arturo, no me digas que tienes quinientos millones de marshmallows almacenados en la casa-cochera.

—No, Sr. P, no cabrían. Saqué la cuenta y se necesitaría un espacio de cuarenta por veinte pies para apretujar esa cantidad de marshmallows. Pero no se asuste, Sr. P, desde hace dos semanas ya no uso marshmallows de verdad (se estaban poniendo muy caros), sino que ahora sólo los multiplico en la computadora portátil que usted me prestó.

—Te la regalé, Arturo. Puedes quedarte con ella.

—¡Gracias, Sr. P!

—Por nada, Arturo. Veo que con la computadora hice una sabia inversión. Parece que tú has descubierto cómo usarla creativamente.

—Se va a quedar pasmado, Sr. P. Cancelé una cita con una chica la semana pasada porque estaba negociando la venta de algunas de mis postales de béisbol a través de la Internet.

—¿No fuiste a una cita con tal de poder intercambiar postales de béisbol?

—No fue para intercambiar, sino para vender, Sr. P, y gané más de tres mil dólares al convencer al comprador de que se llevara cinco en vez de una sola. Pero si hubiera vendido toda la colección directamente a un mayorista, habría ganado menos de dos mil dólares.

—¡No te comiste el marshmallow! ¡Te felicito, Arturo! Tu colección debe ser muy valiosa.

—Mi plan es obtener al menos diez mil dólares por ella al vender las postales por separado, o en grupos pequeños. Investigué los precios en la Internet y también realicé un estudio de mercado con los comerciantes locales.

—De nuevo, te felicito. ¿Qué te motiva a vender la colección? Espero que no estés pasando por problemas financieros . . .

—No, todo lo contrario. Estoy ahorrando dinero, Sr. P, pero prefiero no decirle todavía para qué.

—Muy bien hecho, Arturo. Pero, ¿podría añadir tan sólo un consejo de cautela?

—Claro que sí, Sr. P.

—Quiero que sepas que apoyo tu ambición y tu motivación, y estoy seguro de que conseguirás el éxito que deseas.

—Dígame la parte mala, Sr. P.

—No hay *una parte mala*, Arturo. Sólo quiero que sepas que todos (incluso yo) nos comemos un marshmallow de vez en cuando, y no quiero que seas demasiado exigente contigo mismo si fallas de vez en cuando. Tal vez en algún momento te vas a cansar de vender tus postales por separado, y saldrás del resto de la colección por unos cuantos cientos de dólares. Quizás consigas cinco mil dólares en vez de los diez mil que has planeado. En esa situación no sería difícil que te enojaras contigo mismo por haber perdido la posibilidad de ganar cinco mil dólares. Es importante que te concentres en tus logros: si ganas cinco mil dólares, de todos modos eso es tres mil dólares más que si las hubieras vendido a un mayorista, y cinco mil más que si hubieran seguido guardadas en tu clóset.

—Gracias, Sr. P. Sé lo que quiere decir. Tuve que escribirme una nota para mí mismo en la que decía, *Date crédito* para cuando me sintiera desalentado. Pero lo curioso es, Sr. P, que mientras más me concentro en mi meta, más me entusiasmo con ella, me siento menos tenso con respecto a lograrla. Cada vez que demoro mi recompensa y logro algo que me acerca a mi meta, me siento más confiado de mi habilidad para seguir haciéndolo. ¿Tiene sentido lo que digo?

—Sí lo tiene, Arturo. Y ya que hace unos minutos te referiste a fórmulas matemáticas, tengo una que podría aplicarse aquí.

—¿Cuál es, Sr. P?

—Propósito + Pasión = Paz mental.

—Eso me gusta, Sr. P. Cuando uno tiene una meta y se emociona cuando piensa en alcanzarla (y hace lo que haya que hacer para alcanzarla), uno se siente tranquilo. Hace unas semanas, me preocupaba mucho el asunto de si yo podría llegar a tener éxito algún día . . . ¿Recuerda que le pregunté si su propia habilidad para tener éxito ya estaba presente a los cuatro años, la edad en que usted participó en el experimento del marshmallow? Ahora que tengo una meta y estoy dando pasos para conseguirla, no me preocupa tanto el *si*. Estoy concentrado en el *cómo* y el *cuándo*.

—Buena idea, Arturo. Tal vez podamos modificar esa propuesta: Propósito + Pasión + Acción = Paz mental.

—Indudablemente que es la parte de "acción" la que la cambia por completo. Creo que mientras uno esté tomando acción (aunque sea en pequeños pasos) obtendrá una sensación de paz. Comencé por anotar la pregunta que usted me hizo: ¿qué estoy dispuesto a hacer hoy para tener éxito mañana? Cada vez que añadía una respuesta, me sentía un poquito mejor. Cada vez que ponía en ejecución una respuesta, me sentía *mucho* mejor. Cada vez que me resisto a comerme un marshmallow (como ayer, cuando pasé por un MacDonald's y no entré en la ventanilla de despacho de autos) y espero por algo mejor, como un emparedado de carne de costilla de primera, es como recibir una inyección de endorfinas.

—No te puedes imaginar la satisfacción que me da oír esto, Arturo. Lo que comenzó hace un mes como un comentario mío lleno de frustración, parece haber producido en ti algunos cambios notables. ¿Estás seguro de que no estás listo todavía para contarme tu secreto del marshmallow . . . cuáles son tus planes?

—Todavía no, Sr. P. Pero le prometo que, después de mí, usted va a ser el primero en saberlo. Se lo diré tan pronto como pueda.

8

Marshmallow sentimental

Arturo estaba sentado en el Lincoln, estacionado afuera del alto edificio que alojaba a E-xpert Publishing, luchando por encontrar el valor para entrar allí. Con gotas de sudor en la frente y las manos temblorosas, Arturo sentía la boca tan reseca como si un higienista dental hubiera puesta la aspiradora de saliva en el nivel más alto.

Había prometido que el Señor P sería la primera persona a quien le confesara sus planes, y había tratado de cumplir su promesa. No podía esperar más: su "plan" comenzaba en unas cuantas semanas. No podía creer ya que habían pasado ocho meses desde que el Sr. P le contara la historia del marshmallow . . . y cambiara su vida. No podía creer el miedo que sentía de enfrentarse a su patrón.

No se había sentido tan nervioso desde que le pidiera a Ileana Fowler que fuera con él a su baile de graduación. De todas las cosas que Arturo había puesto en su lista de "dispuesto a hacer hoy para tener éxito mañana", la tarea que tenía ante sí era, por mucho, la más difícil y la que durante más tiempo había aplazado.

Decidido, Arturo salió y cerró con llave la puerta del auto, luego tomó el elevador hasta el piso sesenta y ocho. Conocía ligeramente al personal de las oficinas de E-xpert (a veces el Sr. P le pedía que llevara archivos de la oficina hasta su residencia), y se sintió agradecido cuando la recepcionista lo saludó amistosamente y le hizo un gesto de que pasara a la oficina de Juan Paciente sin preguntarle para qué.

—Sr. P, ¿tiene un minuto?

—Por supuesto, Arturo. Entra. ¿Hay algún problema?

—Sí y no, Sr. P. Estoy aquí para entregar mi gorra de chofer. Vine para anunciarle oficialmente que dejaré mi empleo a final de mes. Con gusto ayudaré a entrenar a mi reemplazo y a hacer todo lo que pueda para facilitar la transición y . . .

—¿No te sientes bien trabajando para mí, Arturo? ¿Es que de alguna manera no te he tratado con la dignidad y el respeto apropiados?

—¡Por Dios, Sr. P, claro que no! Nada está más lejos de la verdad. Es porque usted me ha tratado tan bien y me ha enseñado tanto que pude decidirme a . . . a ir la universidad, Sr. P. Me aceptaron en la Universidad Internacional de la Florida. La Universidad de Miami era muy cara para mí, así que opté por FIU.

—¡Ésa es una gran universidad, Arturo y conozco al Rector, Mitch Maidique! Te admiro y me siento contento por ti. ¿Podrás enfrentarte a eso, económicamente y desde otros puntos de vista?

—No será fácil, Sr. P. Pero en los ocho meses que han pasado desde que usted me contó acerca de la recompensa retrasada, acerca de no comerme todos los marshmallows que tuviera frente a mí, he ahorrado más de quince mil dólares procedentes de mi salario, de la venta de mi colección de postales de béisbol y de un negocito que he comenzado.

—¿Un negocio, Arturo? ¿Qué tipo de negocio?

—Después que vendí mi colección de postales de béisbol, me puse a pensar . . . nunca me importó tanto tener las postales, pero lo que me gustaba era coleccionarlas y hacer buenos negocios con ellas. Estaba buscando un modo de salir de las postales, pero sin sacrificar el placer que ellas me daban . . . y acabé encontrando una manera de hacer un poco más de dinero.

—¿Cómo, Arturo?

—Me he convertido en agente para coleccionistas de postales por la Internet. Básicamente, alguien pone el precio que quiere por una postal. Si yo llego al ochenta y cinco por ciento de esa cantidad, gano un pequeño honorario. Pero si puedo venderla por más (y es de aquí de donde viene el mayor ingreso), yo me quedo con la diferencia. El cliente queda contento, ya que recibió el precio que pedía, y me siento contentísimo cuando puedo negociar una venta considerable. No es suficiente para hacerme rico, Sr. P, pero con eso voy a pagar por los libros y los Big Macs. ¡Sin la comida de Esperanza, probablemente voy a tener que volver a comerlos!

Juan Paciente se quedó en silencio un momento, y luego se inclinó hacia su escritorio para sacar un sobre de la gaveta.

—Arturo, cuando lo desees serás bienvenido a pasar por la casa para que disfrutes de una comida bien cocinada, y si llamas de antemano, me aseguraré de que Esperanza te cocine una deliciosa paella . . . y que te dé un buen pedazo de la langosta.

—Gracias, Sr. P. Pero no es la cocina de Esperanza lo que más voy a extrañar, sino a usted, señor.

—Bueno, Arturo, no es necesario lo de *señor*. Yo también te voy a extrañar muchísimo. Pero me he estado preparando para este día. He observado lo mucho que has cambiado y crecido. Sabía que ibas a tener éxito, que estabas dispuesto a hacer lo que los que fracasan no están dispuestos a hacer. Por eso, hace seis meses, puse aquí algo para ti. Toma.

Arturo aceptó el sobre que le dio Juan Paciente.

—Señor P . . . ¡tiene mi nombre!

—¡Sí, Arturo, te dije que era para ti! Y ahora que estás a punto de convertirte en un colega de negocios, creo que es hora de que comiences a llamarme Juan.

Arturo abrió el sobre y se quedó pasmado ante lo que vio adentro.

—Sr. P, Juan, es . . .

—Lo suficiente para cubrir cuatro años de la matrícula de la universidad. Sé que podrías lograrlo sin mi ayuda. En realidad, es *debido* a que has demostrado que puedes lograrlo por tu propia cuenta que quisiera que aceptaras este regalo. Has trabajado mucho y con esfuerzo, y te mereces esto. Ya es hora de que disfrutes de uno o dos marshmallows. También sé que algún día, cuando seas un hombre de mucho éxito, pagarás esto ayudando a alguien que tenga potencial y necesidad de que lo ayuden un poco.

Arturo le dio un fuerte abrazo a Juan, mientras las lágrimas les corrían por las mejillas.

Análisis
post-parábola

La resistencia al marshmallow es más que una teoría: es un modo de vida. No importa cuál sea tu profesión, tu definición personal de la felicidad o el concepto que tengas de lo que debe ser una relación personal o de negocios ideal, si no te comes todos los marshmallows, triunfarás. Y no importa cuántos marshmallows —o mini-marshmallows— tengas actualmente a tu alcance. Cualquier persona puede lograr una abundancia de marshmallows si sigue los principios de este libro.

¿Y cuál será tu recompensa?

Podrás enviar a tus hijos a la universidad. ¡Tú mismo podrás ir a la universidad! Crearás relaciones de negocios más duraderas y lucrativas. Y cuando te jubiles, podrás mantener tu nivel de vida. ¿Es justo trabajar durante cincuenta años y al final no tener nada? Si sigues el principio del marshmallow, nunca te encontrarás en esa situación.

DULCES HOY . . . PERO NADA MAÑANA

La resistencia al marshmallow no es fácil ni popular. Nos hemos convertido en una sociedad de comidas rápidas. Como cultura, tanto a nivel individual como corporativo, nos concentramos siempre en el premio *instantáneo*, en las recompensas *instantáneas* y, por supuesto, en las ganancias *instantáneas*. Lo que necesitamos hacer es reconfigurar nuestras prioridades. A lo largo de tu vida, tendrás que escoger entre millones de opciones, y cada una de esas opciones determinará quién eres, qué haces y en qué te conviertes, o qué posees. Hay muchísimas personas que comienzan la vida con lujos y acaban en la pobreza, y otras tantas que pasan sus primeros años en "el barrio" o en un parque de casas móviles, y llegan a tener millones, o hasta miles de millones. No le eches la culpa a (ni dependas de) tu pasado. Lo que importa es lo que hagas con tus valores del presente, cómo uses tu talento, tu educación, tu personalidad, tu persistencia, tu dinero y tu habilidad para no comerte todos los marshmallows.

Entonces, ¿cómo aplicas el principio del marshmallow a tu vida? Déjame contarte algunos ejemplos de la vida real que te ayudarán a aplicar lo que Arturo aprendió en la parábola. Comenzaré con mi propia experiencia, porque si yo hubiera participado en el experimento del marshmallow a los cuatro años de edad, ¡me habría comido el dulce aun antes de que la psicóloga se fuera de la habitación!

GRAN CRÉDITO = GRANDES DEUDAS

A lo largo de mi vida he ganado muchísimo dinero, pero durante años me acostumbré a gastar más de lo que ganaba. Siempre estaba en deuda, y frecuentemente no tenía dinero en efectivo para pagar las cuentas más básicas. Debido a los valores que me enseñaron mi madre y mi padre, yo no consideraba dejar de pagar las cuentas (o declararme en bancarrota), de manera que acabé pagando la factura de una tarjeta de crédito con otra tarjeta de crédito . . . comiéndome los marshmallows meses antes de que los hubiera ganado. Las instituciones de préstamos me adoraban, y me daban una clasificación de AAA y ponían a mi disposición un crédito de un cuarto de millón de dólares, pero yo odiaba que mi fachada de aparente éxito ocultara un verdadero fracaso. Yo no quería terminar como el 90 por ciento de la población de Estados Unidos: dependiente del Seguro Social, de sus hijos o de la capacidad de seguir trabajando hasta la muerte.

Entonces leí acerca del experimento del marshmallow, y

eso cambió mi vida de tal manera que me sentí obligado a compartir su sencilla sabiduría con la mayor audiencia posible. Mi cambio comenzó modestamente, como también puede comenzar el tuyo. Habían acabado de nombrarme vicepresidente de una compañía multinacional, y me dieron la opción de deducir una porción de mi pago salarial para que fuera depositada en una cuenta de jubilación. Me decidí por la deducción. Aunque ya no trabajo para esa compañía, aún separo una porción de mis ganancias todos los meses. Comencé a ahorrar mis marshmallows a mitad de mi vida y, ¿sabes?, podría retirarme hoy mismo y vivir cómodamente el resto de mi existencia.

¿CÓMO QUIERES TUS MARSHMALLOWS: TOSTADOS, ASADOS . . . O QUE TE LOS LLEVEN A LA PLAYA?

Lo que me impulsa a trabajar es mi deseo profundo de ayudar a los demás. Pero si me cansara, me enfermara, me desilusionara o necesitara enfrentarme a un nuevo reto, podría dejar de dar conferencias y tener aún la capacidad financiera para mantenerme. ¿Sabes qué sensación de libertad te da eso (y qué alivio resulta para mi familia)? El Dr. Edward Deming, el experto en el movimiento de calidad, una vez señaló que a él le encantaba su trabajo hasta tal punto que tenía pensado morir en un aula de clase. Pues resultó que a los noventa y dos años de edad, se lo llevaron desde un seminario al hospital, donde murió poco después. En este momento, siento el mismo deseo que sentía el Dr. Deming de continuar trabajando hasta su último día. Pero si algún día quisiera reducir o hasta eliminar por completo mi carga de trabajo, tengo suficientes marshmallows ahorrados para hacerlo.

Te recomiendo que te conviertas en un súper-ahorrador y no en un súper-gastador. Si ahorras tus marshmallows alcanzarás tus metas. Cómete tus marshmallows y no podrás hacerlo. La falta de disposición para ahorrar marshmallows es lo que mantiene a la gente dentro de la trampa del dinero. La productividad en Estados Unidos es muy elevada, pero la ética de ahorro estadounidense es muy mala. En agosto de 1999, el *Dallas Morning News* informó que el 33 por ciento de todos los hogares estaba totalmente en quiebra, lo que significa que un tercio de nuestra población no tiene dinero en efectivo. Y una reciente encuesta con 1.200 estadounidenses que trabajan, publicada en *American Demographics*, reveló que casi el 40 por ciento de las personas nacidas entre 1946 y principios de los años 60 tienen menos de $10.000 ahorrados. ¡Y hay muchísimas personas que están peor que eso!

Imagínate a millones de personas que llegan a los sesenta y cinco años de edad y no les queda ningún dinero. ¿Quién los va a mantener? Inclusive si no quiebra, el sistema del Seguro Social proveerá sólo ayuda económica para necesidades básicas. Las personas nacidas en esos años que ya están envejeciendo, y toda la economía de Estados Unidos, sufrirían enormemente si las personas que más gastan en el presente se convirtieran en las más necesitadas el día de mañana. Por eso es tan importante que nuestra cultura adopte el principio del marshmallow.

¿MERCEDES O MARSHMALLOW?

Michael LeBoeuf, un buen amigo mío y, en mi opinión, uno de los mejores autores sobre temas de negocios del mundo, nos ayuda a calcular el costo de la riqueza perdida mejor que cualquier otra persona que conozco. Él pregunta: "¿Está usted dirigiendo su libertad financiera? ¿La está usando en su muñeca, en sus dedos o alrededor de su cuello? ¿Está usted comiéndosela en restaurantes caros, fumándosela o bebiéndosela? ¿Se la está dando a su casero al arrendar un apartamento de lujo cuando podría estar invirtiendo en una casa que subirá de valor y le dará una considerable deducción de impuestos? El verdadero costo de un artículo no es sólo el dinero en efectivo que a usted le cuesta pagar por él. Es la riqueza perdida al considerar como ese dinero se hubiera podido multiplicar a medida que pasara el tiempo".

He aquí, según Michael, las cinco razones para ahorrar tus marshmallows. Supón que, en vez de gastar las siguientes cantidades de dinero, las invirtieras en un fondo con un promedio de rendimiento anual del 11 por ciento (justo por debajo del promedio de rendimiento anual del S&P 500, un fondo muy popular en Estados Unidos). Esto es lo que encontrarías:

1. Si ahorraras en vez de gastar $5.000 en un reloj de pulsera a los veintisiete años de edad, tendrías $263.781 a los sesenta y cinco años.

2. Si ahorraras en vez de gastar un dólar diario en billetes de la lotería a partir de los dieciocho años, tendrías $579.945 cuando llegaras a la edad de jubilación.

3. Si evitaras los cargos de los intereses de las tarjetas de crédito desde tus primeros años de adulto hasta la edad de jubilación, ahorrarías $1.606.404 (basándonos en los $1.440 en intereses anuales cobrados a un saldo promedio de $8.000 en una tarjeta de crédito).

4. Si ahorraras en vez de gastar $5 al día en comida rápida, cigarrillos o bebidas desde los veintiún años de edad hasta los sesenta y cinco, tendrías $2.080.121 adicionales.

5. Si compraras una vivienda en vez de alquilarla a un promedio de $1.000 al mes, ahorrarías $13.386.696 desde los veintiún años hasta los sesenta y cinco.

NO DIGAS "SÍ" . . . TODAVÍA

Aparte de ahorrar, ¿de qué otra forma puedes aplicar el principio del marshmallow? Para los vendedores (y la mayoría de nosotros tenemos que vender nuestras ideas, aunque nuestro puesto no sea de ventas), eso significa aprender cuándo y cómo decir "sí". He aquí un ejemplo:

Una vez impartí un seminario sobre control del tiempo en San Juan, al cual asistieron algunas personas de la Compañía de Teléfonos de Puerto Rico. Después del seminario, me pidieron que me reuniera con su director de desarrollo empresarial, quien me preguntó si yo podía ofrecerle a su compañía una sesión de control del tiempo. Fue tentador decir que sí de inmediato, pero eso habría sido comerme los marshmallows. En lugar de eso, le respondí: "Sí, claro que puedo impartirles una sesión de control del tiempo a sus empleados, pero permítame preguntarle, ¿qué problemas está confrontando que piensa que va a resolver con una sesión de control de tiempo?" La respuesta a esa pregunta tuvo como resultado un contrato de capacitación de $1.2 millones con la Compañía de Teléfonos de Puerto Rico. Recuerda esto: cuando un cliente te dice que quiere comprar un producto o servicio, si abres tu bolsa de inmediato, sacas la planilla de factura y la llenas, ¡te comiste tu marshmallow! En vez de eso, averigua qué otra cosa podría necesitar el cliente. De ese modo, en vez de comerte ese único marshmallow, te darás la oportunidad de ganar más, mucho más.

PRÁCTICA DEL MARSHMALLOW:
WALL STREET Y MÁS ALLÁ

Aunque *No te comas el marshmallow . . . ¡todavía!* ha sido escrito para y acerca del éxito en los negocios y las finanzas, creo firmemente que puede ser aplicado a cualquier profesión o meta, y a cualquier persona a cualquier edad. Probablemente has escuchado las típicas historias de los ganadores de la lotería que acaban en quiebra (o peor). Tal vez te has quejado entre dientes acerca de lo injusto que es que una persona que no sabe cómo manejarla, se haga hecho dueña repentinamente de una fortuna. ¿No deberías haber sido tú el dueño de ese afortunado billete? ¡Sin duda que tú habrías sabido cómo manejar mejor las cosas! Pero el problema de tener y luego perder montones de marshmallows no sólo afecta a personas que se han convertido en millonarias de un momento a otro gracias a un billete de la lotería. También le sucede a la gente que se pasa toda su vida trabajando arduamente para ganar su dinero . . . inclusive a gente como tú y yo.

Cualquiera que sea tu meta —una promoción dentro de tu empresa, un auto nuevo, llegar a ser millonario o lograr la admiración de tus colegas—, el éxito depende de tu habilidad de disfrutar, pero sin devorar, el éxito anticipado, y de actuar de un modo compatible con tus metas. El principio del marshmallow no consiste en negarte eternamente las cosas buenas. ¡La única razón por la que debes morir con marshmallows debajo de tu colchón es porque ellos te ayudan a dormir mejor! En vez de eso, ese principio consiste en equilibrar tus deseos actuales con los futuros.

Es más fácil gastar el dinero que ganarlo, y sé que, a menudo, tu apetito es mayor que tu cuenta bancaria. Pero inclusive una historia de éxito puede destruirse debido a una mediocre actitud financiera y a decisiones equivocadas. ¿Cuántas veces he observado a una celebridad rica, un adinerado presidente de una corporación o una figura pública con una gran fortuna perder todo debido a malas decisiones financieras? El poderoso deseo de gastar —y de gastar sin conciencia— ha llevado a la ruina a personas que habían sido consideradas invencibles desde el punto de vista financiero. No se dieron cuenta de que el verdadero secreto para el éxito del marshmallow es saber lo que quieres y mantener esa meta en tu mente, y hacer lo que haya que hacer para conseguir tu gran sueño de marshmallows, en vez de comerte todos los mini-marshmallows a lo largo del trayecto.

Hay muchos caminos hacia el éxito, pero, como espero haberte demostrado, el éxito verdaderamente duradero sólo puede venir con la paciencia, la perseverancia y la vista fija en la meta a largo plazo que uno se haya trazado. Me gustaría darte un par de ejemplos para ilustrar lo que quiero decir.

PIRATAS Y PARAÍSO

Johnny Depp, quien no terminó el bachillerato y fue criado solamente por su luchadora mamá, es aclamado ahora por sus colegas como uno de los actores más intelectuales. Él es un caso evidente de alguien que no tomó el camino fácil hacia la fama, la que obtuvo casi inmediatamente después de su llegada a Hollywood. Debutó en el cine a los veintiún años, en la clásica película de horror *A Nightmare on Elm Street* (su primer papel cinematográfico) y tres años después estaba ganando $45.000 por episodio en un papel protagónico del programa de televisión *21 Jump Street*, el cual le otorgó enseguida el estatus de símbolo sexual juvenil, y lo mantuvo en esa posición durante los tres años que permaneció allí.

Habría sido fácil para alguien de raíces humildes como Depp acomodarse y disfrutar del dinero y la popularidad. Pero Depp, quien dijo que no quería convertirse en un "producto" de Hollywood, abandonó el programa cuando la serie iba por la mitad y se arriesgó a hacer el papel del ingenuo y deformado Edward Scissorhands. El resultado fue que Depp obtuvo su primera nominación a los Globos de Oro y oportunidades para interpretar otros papeles aclamados por la crítica, en películas como *Benny and Joon* y *Ed Wood*.

Acabado de comenzar el nuevo milenio, a Depp le ofrecieron $10 millones por hacer el papel del Capitán Jack Sparrow en *Pirates of the Caribbean*. Depp podría haber interpretado este papel como si fuera un personaje de un parque de atracciones: un cheque digno de una estrella de categoría A por un rol secundario. ¿Cuán difícil podría haber sido interpretar a un pirata basado en una atracción de Disneyland? Nuevamente, Depp demostró que es un actor mucho más profundo que un simple ídolo juvenil. Se arriesgó a que lo despidieran al aparecerse en el estudio con el pelo peinado en rizos y trencitas, postizos de oro en los dientes y el aura de un Keith Richards, el legendario músico de los Rolling Stones en quien Depp basó su personaje. Los ejecutivos de Disney se alarmaron, pero a regañadientes permitieron que este actor (el tipo de persona que piensa "no estoy listo para comerme mis marshmallows") hiciera el papel a su manera. La intuición y el talento de Depp le ganaron otra nominación al Oscar, entre otras diecisiete, lo que condujo a otros galardones, entre ellos el premio del Gremio de Actores del Cine.

No hay indicaciones de que Depp tenga planeado comerse sus marshmallows dentro de poco. Él evita la publicidad fácil y dice que prefiere pasar el tiempo jugando con "los chiquitines" (la hija y el hijo que tuvo con la modelo y actriz francesa Vanessa Paradis) que socializando con las celebridades de Los Angeles. Para Depp, el éxito significa más que hacer dinero.

"Para mí, el desafío sigue siendo hacer algo distinto a lo que la gente que va al cine espera ver", dijo Depp en una entrevista de marzo de 2004 para la revista *Time*. "Si no, ¿para qué hago cine?"

EL HOMBRE DE LA CARA DE GOMA

Jim Carrey llegó a Hollywood con una historia familiar llena de adversidades, poca educación y sólo un talento probado: hacer reír a la gente. Aunque Carrey aspiraba a ser más que actor cómico, sabía que la forma de alcanzar su meta de protagonizar papeles dramáticos era, primero, tener gran éxito con personajes cómicos. Igual que mi primo, Jorge Posada, que aprendió por sí solo a ser receptor y bateador ambidiestro cuando se consideraba un segunda base, Carrey hacía reír a la gente incluso cuando él mismo no tenía ganas de reírse, ya que pensaba que eso era algo que él podía hacer mejor que los demás. Aunque era víctima de un trastorno bipolar que exageraba las depresiones que sentía durante sus primeros años de carrera, Carrey se mantenía motivado con un truco que cualquiera puede imitar: se hacía a su nombre un cheque por $10 millones, le ponía una fecha adelantada y lo llevaba siempre con él. Cuando se sentía desanimado, sacaba el cheque y se veía a sí mismo cambiándolo, imaginándose los papeles que le ofrecerían y la vida que disfrutaría cuando tuviera $10 millones en el banco.

La visión de Carrey y su habilidad para establecer una meta y mantenerse fiel a ella, tuvieron su recompensa. Pudo cambiar ese cheque de $10 millones —casi en la misma fecha para la que lo había escrito— y amplió su carrera desde el humor chabacano de *Ace Ventura* hasta el tipo de comedia más sombría y sofisticada, como con el papel que creó en *Eternal Sunshine of the Spotless Mind*, la cual ganó un Oscar por el mejor guión original.

Tú no tienes que tener el rostro de goma de Carrey para dar forma a tu propio éxito. Decide cuál será tu mayor recompensa de marshmallows y mantenla siempre en el campo de tus expectativas (o métela en tu bolsillo), y lograrás saborear el éxito *permanente*.

Y ese éxito debe ser el éxito que *tú* definas; no la visión de otra persona, sino la tuya propia. No es una labor fácil el tener que demorar la recompensa y lidiar con los inevitables desengaños por los que pasarás en la vida. La motivación que necesitas para alcanzar y mantener tus metas se fortalecerá si esas metas están profundamente enraizadas en ti. ¿Crees que el cheque de $10 millones que Jim Carrey guardaba en su bolsillo lo habría inspirado si él hubiera estado satisfecho con seguir siendo un mal pagado comediante que cuenta chistes ante una audiencia? Es fácil comerse los marshmallows que uno tiene —en forma de dinero, de empleos o relaciones— si no nos interesa nuestro futuro. Pero cuando tus metas están claras y son verdaderamente tuyas y de nadie más, la teoría del marshmallow se convertirá en una forma de vida.

ES UN MUNDO DE MARSHMALLOWS

Mi coautora, Ellen, y sus dos hijas han incorporado la teoría del marshmallow a su rutina cotidiana. Ahora interviene en todas las decisiones que ellas toman, tantos las grandes como las pequeñas . . . ¡hasta hablan el lenguaje del marshmallow! Pero hace menos de un año, cuando me acerqué por primera vez a Ellen para escribir *No te comas el marshmallow . . . ¡todavía!* ella no podía imaginarse cómo aplicar la teoría a su propia vida.

"Para mí tenía sentido como teoría de *negocios*, que fue como primero se presentó", dice Ellen, "pero yo no entendía —y, por tanto, resentía— la aplicación del principio del marshmallow a cualquier persona que no perteneciera al mundo corporativo. Yo, que hacía poco me había quedado con $1,87 después de que un amante despechado me había vaciado la cuenta del banco, reaccioné inmediatamente con un quejoso: '¿Pero y si no tienes ningún marshmallow que resistir? *Tengo* que comerme el marshmallow; si no lo hago, me muero de hambre' ".

Sin embargo, cuando Ellen dejó de considerar la teoría solamente en términos financieros, descubrió que tenía aplicaciones casi universales (y sorprendentes recompensas de dinero).

"Un día les conté a mis hijas acerca de la teoría de resistencia al marshmallow; al día siguiente, la más joven me dijo lo que quería para cuando cumpliera dieciséis años. A juzgar por la lista que me dio, quedé convencida de que ella estaba rechazando tanto el principio del marshmallow como nuestra realidad financiera".

La lista incluía:

- Zapatos Jimmy Choo (el tipo que Reese Witherspoon usa en *Legally Blonde*)

- Camisas Poppie Harris (Britney Spears se compra diez a la vez)

- Capuchas y sudaderas Juicy Couture (no rosadas como las de JLo, sino tal vez una marrón como las que usa Madonna)

- Jeans 7 for All Mankind (Phoebe en el programa *Charmed* usa el suyo con zapatos de tacón Manolo Blahnik, pero Monica, en *Friends*, los usa con zapatillas Puma, así que los puedes usar en combinaciones de salir o de andar)

- Maquillaje MAC (cuando pruebas MAC, jamás podrás usar otra marca)

- Bolsos Louis Vuitton (Hillary Duff los colecciona)

- Lexus (si vas a tener un auto nuevo, debe ser lindo, y son más confiables que un Porsche)

Pero antes de que Ellen tuviera oportunidad de protestar, su hija, Allison, continuó:

—No es que en realidad yo espere que me compres alguna de estas cosas, pero es lo que yo *quiero*. En estos momentos, estoy ahorrando para un capucha Juicy; se venden por $100, pero las rebajan a mitad de precio y son realmente muy cómodas. Y si este verano gano bastante dinero (luego de ahorrar un poco para el *college*), podría comprarme también un par de sudaderas Juicy, pero sólo si puedo conseguirlas por un buen precio. Me encantan los brillos labiales MAC, y cuestan unos $14, pero también vi un juego de muestra en eBay: seis minilápices por $5. Y el juego viene con una brocha para labios que MAC vende por $15. El envío de eso cuesta sólo $2.50. Yo no ofrecería más de $7,50 por el juego ($10 en total), y podrías gastar más de eso si compras brillo labial en Rite Aid, y sin conseguir nada especial.

¿Y el auto?

—¡Ni siquiera tengo todavía mi licencia de conducir! Y puedo caminar a la escuela. ¿Crees que pudieras prestarme tu auto de vez en cuando? Los autos son realmente caros. Sin duda que tú no quieres comerte el marshmallow en una compra como ésa.

¿Comerme el marshmallow?

—Ya sabes, comerte el marshmallow al pagar el precio completo de venta, o sin conseguir su historial de reparaciones, o si es mejor comprarlo usado . . . cosas así.

· · ·

Cuando una chiquilla usa la palabra *marshmallow* de esa forma y convierte un dulce en una frase atractiva en menos de un mes, ¡pongan atención! ¡Algo muy importante está pasando!

Ellen recuerda haber charlado con sus hijas sobre la

teoría del marshmallow de modo pasajero, tal como acostumbra hacerlo respecto a todos sus trabajos de redacción. Mucho le sorprendió que ambas adoptaran de inmediato la idea de no comerse el marshmallow como fórmula para alcanzar el éxito en los negocios y en la vida misma.

—Bueno, eso ni vale la pena preguntarlo —dijo una de ellas.

—Todo el mundo adoptará esa teoría —exclamó la otra.

—¿Por qué? —preguntó Ellen, que aún no estaba muy convencida.

—Primero, porque es algo chistoso. Los marshmallows son chistosos. Por lo tanto, es una manera simpática de explicar un concepto serio. El concepto tiene sentido: siempre es mejor esperar por lo que uno de verdad desea, conseguir dos marshmallows en vez de uno solo.

—Y no sólo se refiere a los negocios, sino a la vida misma. Todos pueden aplicarlo.

• • •

Marina, la hija mayor de Ellen, también se montó en el tren del marshmallow. Si bien es, por naturaleza, de las que resisten el marshmallow —antes de comenzar la secundaria ya tenía planificada su carrera universitaria—, Marina llamó a su mamá hace un mes y le dijo que quería volver a casa.

—¿A pasar el fin de semana? —preguntó Ellen.

—No, a quedarme —dijo Marina—. Quiero dejar la

universidad. Aquí estoy, comiéndome mis marshmallows y perdiendo la ilusión de llegar a lograr mi objetivo.

Ellen, indudablemente, deseaba que su hija siguiera sus estudios. Marina estaba a mediados del tercer año y contaba con una beca completa de cuatro años. El plan de seguro médico universitario cubría sus gastos médicos, que ascendían a $500 al mes. Y además, ¡los estudios universitarios son importantísimos! Ellen había estudiado su maestría y enseñaba cursos de redacción, pero esperaba que sus hijas sobrepasaran sus propios logros educativos. No había duda alguna de lo que Ellen deseaba.

Pero gracias a la teoría del marshmallow, Ellen no tomó el camino más fácil para zafarse del problema. Más bien le hizo a Marina las siguientes preguntas . . . preguntas que yo les recomiendo que cada uno de ustedes se haga:

EL PLAN DEL MARSHMALLOW EN CINCO PASOS

1. **¿Qué necesitas cambiar?** ¿Qué estrategias puedes aplicar ahora mismo para dejar de comerte tus marshmallows? ¿Qué cambios te comprometes a realizar?

2. **¿Cuáles son tus puntos fuertes y tus puntos débiles?** ¿En qué necesitas mejorar y cuál es la mejor manera de llevar a cabo esas mejoras?

3. **¿Cuáles son tus metas principales?** Selecciona al

menos cinco y escríbelas. Escribe entonces lo que tienes que hacer para lograr esas metas.

4. **¿Cuál es tu plan?** Escríbelo. Si no puedes visualizar un objetivo, no podrás alcanzarlo.

5. **¿Qué vas a hacer para poner tu plan en acción?** ¿Qué te comprometes a hacer hoy, mañana, la semana próxima y el año que viene, para ayudarte a lograr tu objetivo? Igual que Arturo aprendió en la parábola: ¿cómo adquirirás la disposición para hacer lo que los fracasados no están dispuestos a hacer?

Marina, cuyo objetivo principal era ser actriz, decidió tomarse un descanso de la universidad. Su compromiso es reemplazar los cursos universitarios con clases de actuación, hallar un agente y mudarse a Los Angeles, solicitar o presentarse a prueba para al menos un papel al día, encontrar un trabajo para sustentar sus esfuerzos . . . y terminar su educación universitaria una vez que pueda pagar la matrícula con el sueldo que gane como actriz.

Ellen dice que no duda que su hija realizará su sueño de ser actriz, "porque ella sabe lo que quiere hacer, sabe lo que tiene que hacer y está dispuesta a hacer lo que sea necesario para lograr su objetivo. Y como yo nunca exijo de mis hijas lo que no me exijo a mí misma, estoy siguiendo los cinco pasos del plan. Nunca he sido un ejemplo muy firme que digamos de la teoría del marshmallow, particularmente en lo que a relaciones se refiere. Ahora sí estoy plenamente comprometida a buscar únicamente al compañero que será mi recompensa de marshmallow".

EL SEXTO PASO

¿Cuál es tu sueño de marshmallow? ¿Cómo lo harás realidad? Creo firmemente que el Plan Marshmallow en Cinco Pasos te llevará al éxito en cualquier empeño, a cualquier edad y en cualquier circunstancia. Pero quiero añadir un paso más a la lista:

Persevera. No te rindas. Cuando a Harry Collins, un extraordinario vendedor, se le preguntó cuántas llamadas le hacía a un posible cliente antes de darse por vencido, contestó: "Depende de cuál de los dos muera primero".

• • •

Cuando se trata de un marshmallow que de veras te importa —puede ser un par de zapatos, mayor satisfacción en tu vida afectiva o la independencia financiera— la recompensa diferida puede ser, e indudablemente será, un reto emocionante en vez de una faena agobiante. Practica las lecciones que se han impartido en este libro. Te lo prometo . . . muy pronto disfrutarás de montones de marshmallows.

Nota del autor

Si bien Juan Paciente es un personaje ficticio, el experimento del marshmallow en el que dijo participar fue real. De igual manera, los relatos sobre Larry Bird y Jorge Posada, atribuidos a Juan, están basados en observaciones de la vida real realizadas por Joachim de Posada. Él se encontró a Larry Bird practicando solo en una cancha de baloncesto mientras trabajaba como motivador de equipo con los Bucks (y esperaba hallar un jugador de Milwaukee en el lugar de Bird). Jorge Posada es primo de Joachim (los Yankees de Nueva York le quitaron el "de" a su apellido para hacerlo más sencillo, y Rafael, que es su nombre intermedio).

Algunos de los principios aquí descritos están basados en experiencias reales u observaciones de Joachim. Su carrera en la División de Sistemas de Aprendizaje de la Xerox Corporation, como Vicepresidente de Cargill Investor Services y sus actividades como conferenciante motivacional en numerosos países le enseñaron inapreciables lecciones que ahora comparte con ustedes.